Martin Prehn

Die Ballistik der gezogenen Geschütze

Martin Prehn

Die Ballistik der gezogenen Geschütze

ISBN/EAN: 9783743385528

Hergestellt in Europa, USA, Kanada, Australien, Japan

Cover: Foto ©ninafisch / pixelio.de

Manufactured and distributed by brebook publishing software (www.brebook.com)

Martin Prehn

Die Ballistik der gezogenen Geschütze

Die
Ballistik der gezogenen Geschütze.

In elementaren

Formeln und Zeichnungen

ohne Tafeln dargestellt

und an den

Ergebnissen der Königlich Preußischen Präcisions-Waffe geprüft

durch

Martin Prehn,
Oberfeuerwerker in der Königlich Preußischen Garde-Artillerie-Brigade.

Berlin, 1864.
In Commission bei E. S. Mittler und Sohn.
Kochstraße 69.

Seiner Königlichen Hoheit

dem

Prinzen Karl von Preußen,

General-Feldzeugmeister und Chef der
Artillerie,

dem erhabenen Beschützer dieser Waffe

und jeder für sie nützlichen Thätigkeit

mit

Höchstdessen gnädigster Erlaubniß

in tiefster Ehrfurcht ganz unterthänigst zugeeignet

vom

Verfasser.

Google

Vorwort.

Die nachstehende Abhandlung erhält nicht allein einen besonderen Werth durch die große Uebereinstimmung, welche sich zwischen den darin zur Anwendung gekommenen Rechnungen und den Ergebnissen der Erfahrung zu erkennen giebt, sondern auch durch die hiermit verbundene Wahrnehmung: daß durch die Vervollkommnung der Ausübung des Schießens, welche mit der Einführung der gezogenen Geschütze eingetreten ist, ebenfalls der Theorie des Schießens ein sehr wesentlicher Dienst geleistet sein dürfte.

In allen Wissenschaften sind nämlich die Erfahrungen der Theorie jederzeit weit voraus geeilt gewesen und werden es auch stets bleiben. Wenn nun aber beispielsweise von den Gesetzen, nach denen sich die Geschosse bewegen oder ihre Bahnen beschreiben, das des Luftwiderstandes, vorzugsweise aber die Gesetze der Einwirkung der Rotation bis zur Stunde bei weitem noch nicht genügend erforscht sind, so dürfte dies seinen hauptsächlichsten Grund darin haben: „daß man in Folge der nicht zu bewältigen gewesenen, jedoch nur anscheinenden Regellosigkeit des Schießens aus glatten Geschützen nicht im Stande gewesen ist, der Wissenschaft diejenigen Thatsachen, in denen jene Gesetze enthalten sind und sich in ewig wiederkehrender Weise aussprechen, so zu überliefern, daß dadurch dieselben in möglichst einfacher Weise bestimmt erscheinen und hiermit für ihre Erforschung das größte Hinderniß beseitigt ist, nämlich die fortgesetzte übergroße Veränderlichkeit der Thatsachen selbst und deren hiermit verbundene verschiedenartige Auslegungen."

Von der Sicherheit des Schießens aus gezogenen Geschützen dürfte demgemäß auch eine wesentliche Förderung für die Wissenschaft zu erwarten sein. Allerdings erscheinen durch die Art, wie bei diesem Schießen die Einwirkung der Rotation benutzt ist, zunächst nur nach Möglichkeit die störenden Einflüsse beseitigt, welche sie selbst bei jeder anderen Art ihres Stattfindens auf die Geschoßbahn ausübt, und wie hierfür ein Nachweis in der vorliegenden Schrift gefunden werden kann; jedoch hat die hiermit bewirkte Vereinfachung und Regelmäßigkeit der Geschoßbahnen auch eine Vereinfachung der auf diese anwendbaren Theorien zur Folge, und Vereinfachung ist entweder schon an und für sich gleichbedeutend mit Vervollkommnung, oder doch wenigstens die erste und sicherste Grundlage für jede Vervollkommnung.

In der Hauptsache beschäftigt sich die vorliegende Abhandlung mit einem wissenschaftlichen Nachweise der großen Gesetzmäßigkeit, welche in den Ergebnissen des Schießens aus gezogenen Geschützen anzutreffen ist. Der hiermit betretene Weg dürfte sowohl für die Ausübung als die Theorie des Schießens gegenwärtig noch als der nützlichste und richtigste zu betrachten sein, und wird dieser Ansicht nur noch hinzugefügt: daß in beiden Beziehungen der Werth jenes Nachweises als ein um so größerer anzusehen sein wird, je geringer der Zwang ist, unter dem er geführt ist, das heißt: „je mehr die nachzuweisende Gesetzmäßigkeit in den Versuchsergebnissen anzutreffen und nicht umgekehrt auf sie übertragen worden ist".

Von diesen Gesichtspunkten aus empfiehlt der Unterzeichnete die vorliegende Schrift einer allgemeinern Beachtung, die weitere Verfolgung ihres Inhaltes aber vorzugsweise denjenigen jüngeren Kameraden, denen es daran liegt, die stummen, durch die Erfahrung gegebenen Thatsachen durch den Geist der Wissenschaft redend zu machen, und für die ihnen anvertraute Zukunft der Waffe zunächst durch eine vielseitige und dabei gründliche Ausbildung des eigenen Geistes Sorge zu tragen.

Die vorliegende Schrift ist und bleibt in allen Beziehungen das alleinige Werk ihres Verfassers, und ebenso der Anhang zu derselben, welcher die wissenschaftliche Herleitung der in ihr zur Anwendung gekommenen Grundgleichung zu liefern bestimmt ist, und zwar in ähnlicher einfacher Weise mittelst unbestimmter Coefficienten, wie Seite 63 und folgende des 14. Bandes des Archivs die Integrirung der ballistischen Grundgleichungen durch den Unterzeichneten bewirkt und im 29. Bande Seite 93 und folgende für die Ausübung weiter ausgerechnet worden ist.

Berlin, den 29 October 1863.

Neumann, Oberst.

Den Herren Vorgesetzten

diese Arbeit vorzulegen, bewegt den Unterzeichneten nicht die Täuschung, etwas Neues gefunden zu haben, wohl aber der lebhafte Wunsch, durch den Beifall Derselben das Gefundene brauchbar halten zu dürfen. Nach dem Ausspruche des Herrn Oberst Otto (Mathematische Theorie des Ricochettschusses von J. C. F. Otto, Berlin 1833, pag. VI) ist die Aufgabe der Ballistik:

1) Ermittelung des wahren Luftwiderstandsgesetzes;
2) Auffindung der Gleichung für die Geschoßbahn für eine gegebene Anfangsgeschwindigkeit;
3) Uebertragung der Anfangsgeschwindigkeit in Ladung.

Seite VII ebendaselbst sagt der Herr Verfasser: „Die Resultate jeder Auflösung müssen, wenn diese nicht zu einer müßigen Speculation werden sollen, zuletzt in einer solchen Form erscheinen, welche nur die allererstenKenntnisse der Mathematik voraussetzt, mit dem möglichst kürzesten Zeitaufwande zum Ziele führt u. s. w."

Der Unterzeichnete glaubt, durch die vorliegende Arbeit darthun zu können, daß für unsere gezogenen Geschütze die gestellte Aufgabe für die Praxis sehr einfach durch Benutzung der bisherigen allgemeinen Arbeiten zu lösen ist; nämlich,

1) daß das Newton'sche Luftwiderstandsgesetz (wenn nicht das wahre) das hinreichend genügende ist;
2) daß die bisherige Coordinatengleichung für die Geschoßbahn in ihren allerersten Gliedern für alle Fälle der Praxis genügt;
3) daß durch ein sehr einfaches empirisches Gesetz die Anfangsgeschwindigkeit in Ladung zu übertragen ist.

In Folge dessen war es leicht, die Formeln ganz elementar darzustellen und neben der logarithmischen jede andere Tafel zu vermeiden, selbst bei der Anwendung auf die Berechnung der Flugzeiten.

Die gegebene Lösung bezieht sich zunächst auf die beiden 6Kber, die beiden 12Kber und den 24Kber. Es würde nun sowohl für die Wissenschaft der Waffe als für die Waffe selbst von hohem Interesse sein, das Verhalten fremder Geschoßconstructionen zu den aufgestellten Formeln prüfen zu können. Daß die Bahnen der Geschosse aus Geschützen, welche auf denselben Principien wie die preußischen, also z. B. aus denen von Sir W. Armstrong, durch diese Formeln bestimmt sind, liegt außer Zweifel. Zunächst aber bietet sich hier die Frage, ob der preußische 48Udber werde in gesteigertem Maße den ausgesprochenen Gesetzen folgen? Die allernächste Zukunft wird diese Frage beantworten, und zwar mit einem Materialreichthum, welcher selten für die Prüfung eines Gesetzes zu Gebote stehen möchte. Der 48Udber wird mit verschieden schweren Geschossen für die Reihe verschiedener Ladungen verschiedene Reihen von Anfangsgeschwindigkeiten liefern, bei denen es sich darum handeln wird, die Gesetze ihres Zusammenhanges zu untersuchen. Sind diese Gesetze unter sich gleich und identisch mit dem, welches sich bei den andern Kalibern herausgestellt hat, so ist dasselbe kein zufälliges, und es ist dann gewiß gerechtfertigt, auszusprechen, daß selten eine so bestimmte Thatsache für die Theorie der Gasspannung dargeboten ist, und daß diese Thatsache werth ist, auch von nicht artilleristischen Physikern beachtet zu werden. (Daß das Gesetz sich in noch bestimmtere Formen fassen lasse, wird nicht bezweifelt.) Gleichzeitig wird dieses Gesetz eine wichtige Basis für die Theorie der Rotation um eine Längenachse bieten.

Möge nun höheres Wissen über die Brauchbarkeit der Arbeit entscheiden mit der Nachsicht, welche eine Erstlingsarbeit zu erwarten nöthig hat.

M. Prehn,
Oberfeuerwerker in der Garde-
Artillerie-Brigade.

Einleitung.

Die seit einem Jahrhundert verfolgten Versuche, das Gesetz der ballistischen Curve durch eine Coordinatengleichung auszudrücken, führen auf die Form

$$\text{Ordinate } y = x \tan \alpha - \frac{g x^2}{2 c^2 \cos \alpha^2} - \frac{g x^3}{6 c^3 \cos \alpha^3 k} \text{ plus}$$

eine unendliche Anzahl von Gliedern, welche nach einem nicht allgemein erkannten Gesetze die steigenden Potenzen von x (Abscisse), c (Anfangsgeschwindigkeit), Functionen von α (Elevationswinkel) und k (Constante, welche der Größe des Luftwiderstandes nach dem Newton'schen Gesetze zugehört) enthalten.

Setzt man in dieser Gleichung

$$\frac{y}{k} = q, \quad \frac{x}{k \cos \alpha} = u \text{ und } \frac{k g}{c^2} = r,$$

so ergiebt sich nach der Division mit k *)

$$q = u \sin \alpha - \frac{r u^2}{2!} - \frac{r u^3}{3!} + \left\{ \begin{array}{c} - r \\ + r^2 \sin \alpha \end{array} \right\} \frac{u^4}{4!} + \ldots$$

Diejenigen Glieder, welche r in der ersten Potenz enthalten, lassen sich sehr einfach zusammenfassen, da sie in folgender Weise auftreten

$$r \left(\frac{u^2}{2!} + \frac{u^3}{3!} + \frac{u^4}{4!} + \frac{u^5}{5!} + \ldots \right),$$

welche Reihe sich ausdrücken läßt durch r (e^u — 1 — u), wo e die Grundzahl der natürlichen Logarithmen bedeutet.

Die Summation des übrigen äußerst verwickelten Theiles ist am vollständigsten durch die Tafeln über den Bombenwurf und die Neuen Ballistischen Tafeln des Herrn Oberst Otto ausgeführt worden, während

---

*) cfr. Mathematische Theorie des Ricochettschusses von J. C. F. Otto. Berlin 1833.

außerdem von den bedeutendsten älteren Mathematikern und namentlich der älteren und neueren preußischen Artillerie die wichtigsten Arbeiten über diesen Gegenstand in verschiedenen Formen geliefert worden sind, deren keiner indessen so ausgebreitete Tafeln wie die genannten zur Seite stehen.

Für kleine Elevationen hat man sich mit der Gleichung

$$q = u \sin \alpha - r(c^u - 1 - u)$$

begnügt und Resultate erhalten, welche, bei der großen Streuung glatter Geschütze mit sphärischen Geschossen, als annähernd betrachtet werden konnten.

Da aber bei diesen Geschützen im Allgemeinen die Grenze für kleine Elevationen gleichbedeutend ist mit der für kleine Schußweiten, so zeigt sich die Brauchbarkeit der Formel sehr eingeschränkt.

Der ganzen Entwickelung fehlt überdies die Berücksichtigung der Einwirkung der Rotation des Geschosses, welche die Wirkung des Luftwiderstandes so modificiren kann, daß statt der Verkürzung der Flugbahn möglicherweise eine Verlängerung derselben hervorgeht, wie dies durch die Verwerthung bei unseren excentrischen Geschossen (mit Schwerpunkt oben) hinreichend bekannt und bewahrheitet ist.

Die Rechnung war schon schwierig genug; sie wird es aber durch Beachtung der Rotation in so viel höherem Grade, daß sie, nach rein wissenschaftlichen Speculationen betrieben, durchaus unausführbar geworden ist. Unsere Artillerie besitzt trotz dessen eine auf die Benutzung wirklicher Versuchsresultate gestützte Lösung des ballistischen Problems durch Aufstellung empirischer und auch rein wissenschaftlicher Formeln*). Diese Lösungen erfordern aber eine so große Anzahl von Tafeln, daß sie kaum in verdientem Maße verwendet werden, um so mehr, als durch die Verwerthung einer graphischen Methode für die Darstellung ballistischer Gesetze ein Weg gezeigt ist, welcher mit Leichtigkeit die dringendsten Fragen beantwortet hat.

---

*) Hilfsmittel für ballistische Rechnungen des Herrn Oberst Otto. Formeln zur Ausführung ballistischer Rechnungen des Herrn Oberst Neumann, Archiv 29. Band 2. Heft.

Selbst die einfachste Gestalt der eben beregten Formeln

$$y = x \tang \alpha + F \left(e^{\frac{x}{k}} - 1 - \frac{x}{k} \right) + G \left(e^{\frac{2x}{k}} - 1 - \frac{2x}{k} \right)$$

erweckt bei ihrer Anwendung bedeutende Schwierigkeiten, so daß es für das praktische Rechnen gewiß wünschenswerth ist, einen, wenn auch nur annähernd richtigen, einfachen Ausdruck für die Flugbahncurve zu besitzen.

Für die sphärischen Geschosse hat sich die Unmöglichkeit lange genug schon gezeigt (wohl auch wegen der nicht großen Uebereinstimmung der Schießergebnisse unter sich) — aber bei den Geschossen der gezogenen Geschütze haben wir jene Rotation um eine Querachse nicht. Es ist also natürlich, zu untersuchen, in wie weit die allgemeine Bahngleichung sich für sie verwerthen läßt.

Diese Gleichung enthält zwei unabhängige Variable, Elevation und Entfernung, und außerdem die Anfangsgeschwindigkeit und die Luftwiderstandsconstante in steigenden Potenzen, so daß sie, nach einer oder der andern dieser Größen geordnet, die übrigen sehr vernachläßigen würde, wenn sie nicht aus einer bedeutenden Anzahl von Gliedern bestände.

Für das sphärische Geschoß bedurfte man wirklich einer großen Anzahl von Gliedern; es wird sich aber ergeben, daß für unsere gezogenen Geschütze die Reihe so schnell convergirt, daß wir nicht über das Glied hinauszugehen brauchen, welches die Grundgrößen noch in einfachster Form enthält.

Der Gegenstand dieser Arbeit ist nun, darzuthun, daß die Bahn der Geschosse unserer gezogenen Geschütze dargestellt werden kann durch die geschlossene Gleichung

$$y = x \tang \alpha - \frac{g x^2}{2 c^2 \cos \alpha^2} - \frac{g x^3}{6 c^2 \cos \alpha^3 k},$$

deren analytische Herleitung im Anhange beigefügt ist.

Diese Gleichung, hervorgegangen durch die Convergenz der allgemeinen ballistischen Reihe für die den gezogenen Geschützen entsprechenden Zahlenwerthe, bietet den Vortheil, daß sie gestattet, für alle Aufgaben der Ballistik elementare Formeln aufzustellen, deren Anwendung jede Tafel außer der logarithmischen ausschließt, und daß, so lange man keine bessere hat, sie nicht bloß als Nothbehelf anzusehen ist, da die Fehler, welche sie macht, selbst bis 5000 Schritt noch äußerst gering sind.

Der Nachweis wird durch directe Benutzung von wirklichen Schießergebnissen geführt werden.

Es ist hierbei besonders auszusprechen, daß alle Hypothesen über die Ursache und Art der Seitenabweichungen unberücksichtigt geblieben sind. Die Berechtigung dazu wird das Resultat zeigen, und sie liegt außerdem in folgenden Erwägungen:

1) Die Seitenabweichungen haben in Wirklichkeit noch keine andere Gesetzmäßigkeit angedeutet, als daß sie gewöhnlich nach rechts stattfinden, für große Entfernungen größer sind als für kleinere, und daß sie an demselben Schießtage ziemlich gleichmäßig sind;
2) Störungen durch die Einflüsse der Athmosphäre verändern diese Gesetzmäßigkeit vollständig;
3) trotz der Ungleichmäßigkeit an verschiedenen Tagen üben sie auf die Trefffähigkeit unserer gezogenen Geschütze in Bezug auf die Erhebung über dem Horizonte keinen bemerkbaren Einfluß.

Diese geringe sichtbare Gesetzmäßigkeit der Seitenabweichungen, der sonst so großen Trefffähigkeit der gezogenen Geschütze gegenüber, zeigt, daß es zwar Formeln für sie geben kann, daß es aber gar nicht gelingen kann, sie a priori theoretisch zu bestimmen.

In der Wirklichkeit lassen sie sich leicht überwinden; die Praxis fühlt also nicht das Bedürfniß, sie zu berechnen, und übrigens sind sie gar nicht von solcher Bedeutung, daß sie in den meisten Fällen des Ernstgebrauchs nicht mit mehr Recht dürften vernachlässigt werden, als es bei den glatten Geschützen durch die Natur der Sache immer von selbst geschehen mußte.

§. 1.

Um einen anschaulichen Ausdruck für die Wirkung des Luftwiderstandes und in Bezug auf dieselbe einen Vergleich zwischen dem Verhalten der sphärischen Geschosse aus glatten Geschützen und der Langgeschosse aus gezogenen Geschützen zu gewinnen, ist es zweckmäßig, den wirklich erhaltenen Schußweiten in einem Beispiele die für den luftleeren Raum berechneten gegenüberzustellen.

Wir erhalten für den glatten 6%ber bei einer Anfangsgeschwindigkeit von 1580 Fuß für 4 Grad Elevation nach der Schußtafel eine Schußweite von etwa 1680 Schritt *), während die Rechnung 4660 Schritt ergiebt; der Verlust an Schußweite beträgt danach 2980 Schritt, also etwa 65 Procent. Dagegen giebt der gezogene 6%ber bei 1026 Fuß Anfangsgeschwindigkeit mit 4 Grad Elevation eine Schußweite von 1720 Schritt, während die Rechnung 1950 Schritt, also einen Verlust von 230 Schritt oder 12 Procent herausbringt.

Zu einem solchen Vergleiche kann man auch alle andern Elemente der Flugbahn benutzen, also sowohl Erhöhungswinkel, als Einfallwinkel, als namentlich die Ordinaten der Curve. Diese letzteren seien für die vorliegende Arbeit gewählt.

Denkt man zwei gleiche Geschosse unter gleicher Elevation mit gleicher Anfangsgeschwindigkeit abgehend, das eine im luftleeren, das andere im lufterfüllten Raume unter der Wirkung eines verzögernden Luftwiderstandes, so wird die Bahn des ersteren fortwährend über der des letzteren liegen, und das Geschoß wird auf der Entfernung x sich um y über dem Punkte befinden, in welchem das andere Geschoß wieder in den Horizont der Geschützmündung tritt.

Die Höhe y ist ein Maß für die Größe der Wirkung des Luftwiderstandes und kann leicht berechnet werden.

§. 2.

Sei es nun erlaubt, die Gleichung der Flugbahn im luftleeren Raume kurz in Erinnerung zu bringen.

Die gekrümmte Bahn entsteht durch das Zusammenwirken der Pulverkraft, welche durch die Anfangsgeschwindigkeit c ausgedrückt wird, und der Beschleunigung der Schwere, dargestellt durch die Zahl $g = 31{,}25$ Fuß.

---

*) Ballistik des Herrn Hauptmann Roerbanß, pag. 68.

Während das Geschoß nach der Zeit t in der anfänglichen Richtung würde den Weg c t zurückgelegt haben, ist es um $\frac{1}{2} g t^2$ gefallen. Seine Höhe über dem Horizonte der Geschützmündung würde also

$$y = x \tang \alpha - \tfrac{1}{2} g\, t^2$$

betragen.

Die Abscisse x ist der Weg c t, multiplicirt mit dem cos α, also

$$x = c t \cos \alpha,$$

woraus sich

$$t = \frac{x}{c \cos \alpha}$$

ergiebt, welches, in die Gleichung für y substituirt, diese reducirt auf

$$y = x \tang \alpha - \frac{g x^2}{2 c^2 \cos \alpha^2}$$

Diese Gleichung drückt die Flugbahn im luftleeren Raume als Parabel aus. Die rechte Seite derselben bildet zugleich die zwei ersten Glieder der zu Anfang gegebenen allgemeinen Bahngleichung; so daß man leicht veranlaßt ist, zu untersuchen, wie viele Glieder dieser letzteren Reihe man der eben gefundenen Parabelgleichung hinzufügen muß, um die aus derselben berechneten y für das Ende der wirklichen Bahn auf Null zu bringen.

Prüft man in Bezug hierauf einen Ausdruck, wie es hier mit

$$\frac{g x^3}{6 c^3 \cos \alpha^3 k}$$

geschehen soll, berechnet daraus die Constante k und findet zunächst für eine Ladung eines Geschützes für verschiedene Entfernungen nahehin denselben Werth; genügt dann mittelst dieses Werthes die erhaltene Gleichung auch den Schießergebnissen anderer Ladungen desselben Geschützes und in unveränderter Gestalt auch denen der andern Kaliber, so scheint sie ein Recht darauf zu haben, als annähernd richtiger Ausdruck für das Gesetz der Bahncurve angesehen zu werden.

Die Gleichung

$$q = u \sin \alpha - r (e^u - 1 - u)$$

bildete für dieselbe Untersuchung den Ausgangspunkt. Sehr umfangreiche

Rechnungen haben gezeigt, daß sie mit Veränderung der Constanten ganz gleiche Resultate giebt mit der viel einfacheren

$$y = x \, \tang \, \alpha - \frac{g \, x^2}{2 \, c^2 \, \cos \alpha^2} - \frac{g \, x^3}{6 \, c^2 \, \cos \alpha^3 \, k}$$

oder

$$q = u \, \sin \alpha - \frac{r \, u^2}{2!} - \frac{r \, u^3}{3!}.$$

Sie bietet aber den Nachtheil, daß sie die nothwendigste Bedingung für die praktische Brauchbarkeit, einfach und ohne besondere Tafeln alle ballistischen Aufgaben der gezogenen Geschütze zu lösen, nicht erfüllen kann (man sehe Anhang).

§. 3.

Setzt man beim eisernen gezogenen Vierundzwanzigpfünder für ¼ ℔ Ladung die Anfangsgeschwindigkeit $c = 940$ Fuß und benutzt als wirkliche Schießergebnisse (reducirt auf den mittleren Treffpunkt)

$x =$ 600, 1200, 1800, 2614,5, 3318, 4232, 4964 Schritt,

$\alpha =$ 1° 30′, 3° 4½′, 4° 45½′, 7° 7′, 9° 25′, 13″ 3′, 15° 47′,

so wird für den luftleeren Raum

$y =$ 1,0, 7,6, 27,3, 76,4, 168,5, 432,1, 657,2 Fuß,

während im lufterfüllten Raume $y = o$ ist.

Wenn jedesmal

$$\frac{g \, x^3}{2 \, c^2 \, \cos \alpha^2 \, k} = y$$

gesetzt wird, so ergiebt sich nach einander

$k =$ 7375, 7753, 7329, 8128, 7666, 6442, 7256 Schritt,

woraus als arithmetisches Mittel

$$k = 7421 \text{ Schritt}$$

hervorgeht.

Dieser Werth ist für die Rechnungen als erste Grundlage benutzt worden. Es hat sich dann aber herausgestellt, daß

$$k = 7102,4 \text{ Schritt}$$

sich den Ergebnissen der übrigen Ladungen genauer anschloß; und diese Zahl, welche jetzt ihrer Bedeutung nach in ganz anderer Weise hergeleitet werden soll, ist in den auf den 24 Udr bezüglichen Rechnungen durchgängig benutzt worden. Weitere Untersuchungen werden diese Constante natürlich schärfer bestimmen können. Ueber die hierbei zu erfüllenden Bedingungen wird weiter unten gesprochen werden.

§. 4.
Die Bedeutung von k.

Die bezeichnete Flugbahngleichung ist aus der Voraussetzung entstanden, daß der Luftwiderstand abhängig sei von dem Quadrate der Geschwindigkeit des Geschosses, daß seine Größe sich also ausdrücken lasse durch die Form bv^2.

Die Constante b wurde von Newton in folgender Weise bestimmt:

Der Luftwiderstand, welchen eine bewegte Kugel erleidet, ist gleich dem Gewichte einer Luftsäule, deren Basis der größte Kreis der Kugel, und deren Höhe ein gewisser Antheil der Geschwindigkeitshöhe ist, welche der Geschwindigkeit entspricht.

Mathematisch erhält dieses Gesetz die Form

$$W = F \cdot \frac{\lambda v^2}{2g} \gamma,$$

wo W den Widerstand, F den größten Kreis, $\frac{v^2}{2g}$ die Geschwindigkeitshöhe, γ das Gewicht eines Cubikfußes Luft und λ den gewissen Factor für den Antheil der Geschwindigkeitshöhe bezeichnen, welcher letzterer Factor allein als unbekannt zu betrachten ist, da aus den nächsten Rechnungen v^2 verschwinden wird. Während wir die Kraft bv^2 suchen, drückt W den wirklichen Widerstand aus, also die Größe einer der Geschoßbewegung entgegengesetzten Bewegung, hervorgerufen durch dieselbe, und nach dem Grundsatze der Mechanik, daß die Gegenwirkung gleich der Wirkung, ausdrückbar als Product der Geschoßmasse m in b v^2 d. h. $W = b m v^2$. Unter der Masse eines Körpers versteht man sein Gewicht dividirt durch die Zahl g. Wenn also das Gewicht der Kugel Q ist, so erhalten wir die Gleichung

$$b v^2 = W \cdot \frac{g}{Q}.$$

Durch Substitution wird jetzt

$$b v^2 = F \lambda \frac{v^2}{2g} \gamma \cdot \frac{g}{Q},$$

also

$$b = \frac{F \lambda \gamma}{2 Q}.$$

Nun ist $F = \frac{1}{4} D^2 \pi$; die Luft ist bei 15° R. 828 mal leichter als Wasser (1 Cubikfuß desselben wiegt 61,7 N.), folglich ihr cubisches Gewicht

$$\gamma = \frac{61,7 \text{ N.}}{823};$$

mithin ist

$$b = \frac{\frac{1}{4} D^2 \pi \lambda}{2 Q} \cdot \frac{61,7 \text{ N.}}{823}.$$

In den ballistischen Rechnungen tritt b in der Form $\frac{1}{2b}$ als Factor auf. Setzt man $\frac{1}{2b} = k$, so erhält man, wie sich zeigen wird, k als Längenmaß, also gewissermaßen als Maßstab, nach welchem, die errechneten Coordinaten als absolute Zahlen betrachtet, die wirklichen Bahnen im Raume ausgeführt erscheinen.

Vollzieht man diese Substitution, so wird

$$k = \frac{4 Q \text{ N.}}{(D'')^2 \pi} \cdot \frac{823}{61,7 \text{ N.}} \cdot \frac{1}{\lambda},$$

und betrachtet man Q N. als entstanden aus: cubischem Inhalt multiplicirt mit dem cubischen Gewichte h, so ist

$$k = \frac{4 \cdot \frac{1}{4} (D'')^2 \pi \cdot h \text{ N.}}{(D'')^2 \pi} \cdot \frac{823}{61,7 \text{ N.}} \cdot \frac{1}{\lambda}$$

d. h. k erscheint als Längenmaß, ausgedrückt in Zollen, Fußen oder Schritten (= 2,4 Fuß). Für die praktische Rechnung ist es immer sehr wichtig, stets sich der Benennung bewußt zu sein, welche man auf der linken Seite der Gleichung erhält, und welche man auf der rechten erhalten will. Es sind den allgemeinen Buchstaben-Ausdrücken also jedesmal solche Factoren hinzuzufügen, welche eine Homogenität der Gleichungen herbeiführen. In unserm Falle muß man sich also bei Q jedesmal den Factor 1 denken, je als 1 Cubikzoll, 1 Cubikfuß oder 1 Cubikschritt.

Drückt man nun Q in Pfunden, D in Zollen aus, so ist:

$$\text{in Fußen } k = \frac{4.823 \cdot Q}{61{,}7 \cdot \lambda \cdot \pi \left(\frac{D}{12}\right)^2} = \frac{4.823 \cdot 144}{61{,}7 \cdot \lambda \cdot \pi} \cdot \frac{Q}{D^2},$$

$$\text{in Schritten } k = \frac{4.823 \cdot 144}{2{,}4 \cdot 61{,}7 \cdot \lambda \pi} \cdot \frac{Q}{D^2} = \frac{4.823 \cdot 60}{61{,}7 \lambda \cdot \pi} \cdot \frac{Q}{D^2}$$

§. 5.
Die Zahl λ.

Daß man dieses Luftwiderstandsgesetz, welches für die Kugel aufgestellt ist, mit der nöthigen Veränderung von λ auf ein Geschoß von der Form eines Cylinders mit angesetzter Spitze übertragen kann*), wenn dasselbe nicht um eine Querachse rotirt, erscheint nicht zweifelhaft, da der nach der Richtung der Horizontalen entgegenstrebende Widerstand, welcher den Cylindermantel trifft und im aufsteigenden Aste als hebende, im absteigenden Aste als drückende Kraft auftritt, nahehin aufgehoben zu werden scheint durch den im aufsteigenden Aste das verticale Steigen, im absteigenden Aste das verticale Fallen hindernden Widerstand, wenn die Achse des Geschosses in der Bahntangente oder nahe in derselben sich bewegt, so daß also nur der Widerstand gegen die Spitze übrig bleibt. Nun hat Herr Oberst Otto in den „Hilfsmitteln für ballistische Rechnungen" nachgewiesen, daß die Verschiedenheiten der complicirtesten Luftwiderstandsgesetze äußerst geringen Einfluß auf die Rechnungsresultate ausüben.

Die Luftwiderstandsconstante k muß in derselben Weise, wie für die Kugel, bestimmt werden, während die Form der Spitze einen andern Werth für λ erfordert. Newton setzte für die Kugel $\lambda = 0{,}5$, während Borba 0,6 annahm und Hutton den Werth selbst je nach der Geschwindigkeit variiren ließ.

Der für k in §. 3 gefundene Werth 7421 Schritt bietet ein Mittel, näherungsweise den von λ zu finden.

Setzen wir für F den größten Querschnitt des Geschosses, so hat dieser den Durchmesser der Wulste oder den der Züge; also ist

$$D = 5{,}82'' \text{ beim 24Uber,}$$

---

*) Versuch zu einem System der Artillerie-Wissenschaft des Herrn Hauptmann von Schirrmann. Band 1, pag. 148.

4,70″ beim 12 Pfder,
8,60″ ⸱ 6 Pfder.

Die Durchschnittsgewichte Q sind
54,3 Pf. beim 24 Pfder,
29 Pf. ⸱ 12 Pfder,
13,8 Pf. ⸱ 6 Pfder.

In der im vorigen Paragraphen für k entwickelten Formel

$$\lambda k = \frac{4.823.60}{61,7.\pi} \cdot \frac{Q}{D^2}$$

ist der erste Bruch für die drei Geschoßarten constant, und zwar ist sein
log = 0,20496.

Wenn λ für gleiche Formen gleichen Werth hat, so heißt diese Formel, da $k = \frac{1}{2b}$, also $b = \frac{1}{2k}$, nicht anders als der alte artilleristische Satz:

Bei congruenten Geschossen ist das specifisch schwerere, bei mathematisch ähnlichen das größere gegen den Luftwiderstand im Vortheil; oder mit anderen Worten:

Wenn der 24 Pfder, 12 Pfder und 6 Pfder mit gleichen oder sehr nahe gleichen Elevationen gleiche Schußweiten erreichen, so muß die Anfangsgeschwindigkeit des 24 Pfders kleiner sein als die des 12 Pfders, und diese kleiner als die des 6 Pfders; oder: das der Granate congruente Shrapnel hat dieser gegenüber, während das den drei übrigen ähnliche 48 Pfge Geschoß diesen gegenüber in Bezug auf die Ueberwindung des Luftwiderstandes den Vorzug.

Wenn man in dieser Formel für λk die Werthe von $\frac{Q}{D^2}$ substituirt, so wird

log λk = 3,21313 für den 24 Pfder,
3,12637 ⸱ ⸱ 12 Pfder,
3,03545 ⸱ ⸱ 6 Pfder,

welche Zahlen von dem Werthe von λ ganz unabhängig sind.

Setzt man für den 24 Pfder
k = 7421, also log k = 3,87046,
so wird
log λ = 3,21313 − 3,87046 = 0,34267 − 1,
also
λ = 0,22.

Führt man die in §. 2 angedeutete und in §. 3 für 4 U. Ladung ausgeführte Rechnung auch für andere Ladungen aus, so ergiebt sich der Werth $\lambda = 0{,}23$ als noch passender, und mittelst desselben

$$k = 7102{,}4 \text{ und } \log k = 3{,}85140$$

für den 24Uber.

§. 6.
Grundgleichungen.

Die Coordinatengleichung der Bahn der Geschosse der gezogenen Geschütze ist

$$y = x \operatorname{tang} \alpha - \frac{g\, x^2}{2\, c^2 \cos \alpha^2} - \frac{g\, x^3}{6\, c^2 \cos \alpha^3 \cdot k} \ldots (1).$$

Hier setze man

$$\frac{y}{k} = q, \quad \frac{x}{k \cos \alpha} = u \text{ und } g\, \frac{k}{c^2} = r;$$

dann geht die Gleichung, nachdem man sie durch k dividirt hat, über in

$$\frac{y}{k} = \frac{x \sin \alpha}{k \cos \alpha} - \frac{g\, k}{2\, c^2} \cdot \frac{x^2}{k^2 \cos \alpha^2} - \frac{g\, k}{2\, c^2} \cdot \frac{x^3}{3\, k^3 \cos \alpha^3}$$

oder

$$q = u \sin \alpha - r\, \frac{u^2}{1.2} - r\, \frac{u^3}{1.2.3} \ldots (2),$$

worin nur absolute Zahlen enthalten sind.

Aus diesen Gleichungen (1) und (2) sollen jetzt
1) für gegebene Elevation und Schußweite die Anfangsgeschwindigkeit,
2) umgekehrt die Elevation,
3) umgekehrt die Schußweite,
4) die Einfallwinkel,
5) die Endgeschwindigkeiten,
6) die Flugzeiten und
7) die Coordinaten des Culminationspunktes

zunächst für den 24Uber berechnet werden.

Dann sollen die gefundenen Gesetze durch Anwendung auf die beiden 12Uber und die beiden 6Uber geprüft werden.

§. 7.

Berechnung der Anfangsgeschwindigkeit.

Für das Ende der Bahn ist $y = 0$, also auch $q = 0$; dadurch verwandelt sich die Gleichung

$$q = u \sin \alpha - r \frac{u^2}{1.2} - r \frac{u^3}{1.2.3}$$

in

$$u \sin \alpha = \frac{r u^2}{1.2} + \frac{r u^3}{1.2.3}$$

oder

$$\sin \alpha = \frac{r u}{1.2} + \frac{r u^2}{1.2.3}$$

oder

$$\sin \alpha = \frac{r u (3 + u)}{6}$$

und, da $r = \frac{g k}{c^2}$, $\frac{g k}{c^2} = \frac{6 \sin \alpha}{u(3+u)}$,

also

$$c = \sqrt{\frac{u(3+u) g k \cdot 2{,}4}{6 \sin \alpha}}.$$

Beispiel:

Gegeben sei $k = 7102{,}4$ Schritt, welches aus dem Werthe $\lambda = 0{,}23$ berechnet ist; ferner $x = 1800$ Schritt $\alpha = 4^\circ\ 45\frac{1}{4}'$, $\log x = 3{,}25527$, $x_1 = 4964$ · $\alpha = 15^\circ\ 47'$, $\log x_1 = 3{,}69583$, dann findet man resp. $c = 941{,}1$ und 940 Fuß.

Die zu Grunde gelegten Zahlen gehören wirklichen Schießergebnissen an. Jetzt fragt es sich: Wie verhalten sich die übrigen Ladungen zu den gemachten Voraussetzungen?

Es ist noch geschossen worden mit 3 ℔, 2,2 ℔ und 1,7 ℔ Ladung; und zwar ergiebt sich für 3 ℔ Ladung

$x = 600$ Schritt 1200 Schritt 1800 Schritt,
$\alpha = 2^\circ\ 2\frac{3}{4}'$ $4^\circ\ 15\frac{1}{4}'$ $6^\circ\ 33'$,
$c = 804{,}6$ $801{,}3$ $803{,}9$ Fuß,

woraus als arithmetisches Mittel $c = 803$ Fuß;
für 2,2 ℔ Ladung

$x = 600$ Schritt 1200 Schritt 1800 Schritt,
$\alpha = 2^\circ\ 53\frac{1}{4}'$ $5^\circ\ 58\frac{1}{2}'$ $9^\circ\ 1\frac{1}{2}'$,
$c = 677{,}2$ $677{,}7$ $687{,}7$ Fuß,

woraus als Mittel $c = 680$ Fuß;

für 1,7 U. Ladung

x = 600 Schritt	1200 Schritt	1800 Schritt
α = 3° 44$\frac{1}{7}$′	7° 56′	12° 12′
c = 596,1	589,3	595,8 Fuß,

woraus als Mittel c = 594 Fuß.

Als Prüfstein für die Brauchbarkeit der aufgestellten Bahngleichung wurde angenommen, daß dieselbe bei demselben Werthe von λ für jede besondere Ladung aus verschiedenen Entfernungen nahe dieselbe Anfangsgeschwindigkeit herausbringe.

Da die Gleichung hier diese Bedingung erfüllt, so ist noch darauf hinzuweisen, in welchem Wechselverhältniß c und k stehen, um aus den Angaben einer Ladung den besten Werth von λ zu finden. Bei gegebener Elevation und Entfernung ist die Anfangsgeschwindigkeit um so kleiner, je kleiner man den Luftwiderstand, d. h. je größer man k annahm, um so größer also, je größer man λ setzte. Der Einfluß einer Veränderung von λ ist bei kleinen Entfernungen sehr gering, bei den großen bedeutender.

§. 8.
Berechnung der Elevation.

Nach der vorigen Entwickelung war

$$6 \sin \alpha = r u (3 + u)$$

oder

$$6 \sin \alpha = \frac{g k}{c^2} \left(3 + \frac{x}{k \cos \alpha}\right) \frac{x}{k \cos \alpha}.$$

Wollte man hieraus eine Function von α direct entwickeln, so würde man auf eine Gleichung vierten Grades geführt werden. Diese Unbequemlichkeit kann man umgehen, wenn man sich eine Ungenauigkeit zu Schulden kommen läßt, welche indeß durch eine einfache Correctur leicht beseitigt werden kann. Wenn man nämlich in demjenigen $\frac{x}{k \cos \alpha}$, welches in der Klammer enthalten ist, cos α gleich 1 setzt, was bei allen Elevationen bis zu 2000 Schritt ohne Bedenken geschehen darf, und namentlich auch, weil in dem Factor $3 + \frac{x}{k \cos \alpha}$ der Summand $\frac{x}{k \cos \alpha}$ immer sehr klein gegen die Summe ist, so wird

ober
$$6 \sin \alpha = \frac{g k}{c^2} \left(3 + \frac{x}{k}\right) \frac{x}{k \cos \alpha}$$

woraus also
$$6 \sin \alpha \cos \alpha = \frac{g}{c^2 k} (3k + x) x,$$

sich ergiebt.
$$\sin 2\alpha = \frac{g}{c^2 k} \left(k + \frac{x}{3}\right) x$$

Da der Zähler eine Dimension in Schritten mehr enthält als der Nenner, so ist für die numerische Berechnung ihm noch der Factor 2,4 hinzuzufügen.

Der durch die einmalige Vernachlässigung von cos α entstehende Fehler wird sich bei der Berechnung der horizontalen Schußweite ausweisen; er beträgt für 4964 Schritt erst 8 Minuten. Uebrigens ist zu bemerken, daß diese Abkürzung nur einmal benutzt wird, und daß nach Hinzufügung der Correctur zu den berechneten Elevationen dieselbe keinen Einfluß auf die Schußtafel hat. Alle anderen Aufgaben werden strenge nach der aufgestellten Gleichung gelöst werden.

Beispiele:

1. Für 4 ℳ. Ladung sind wirklich gegeben:

x = 600, 1200, 1800, 2614,5, 3318, 4232, 4964 Schritt,
α = 1° 30¼', 3° 4½', 4° 45¼', 7° 7', 9° 25', 13° 3', 15° 47'.

Sei dann k = 7102,4 Schritt, c = 940 Fuß, so wird der Grad der erreichten Annäherung sich in Folgendem zeigen, wobei eben zu beachten ist, daß in Folge der Bestimmung von k aus den Verhältnissen des Geschosses und mittelst eines zu Grunde gelegten Werthes von λ, die errechneten Resultate nunmehr nicht als aus den Schießergebnissen rückwärts abgeleitete, sondern vielmehr als lediglich aus der Bahngleichung errechnete anzusehen sind. Diese Bemerkung gilt namentlich für eine Ladung, welche nicht, wie die von 4 ℳ., den in der Einleitung angestellten Betrachtungen zu Grunde gelegen hat. Möge ein vollständig ausgerechnetes Beispiel hier Platz finden, um daran erkennen zu lassen, mit wie geringem Zeitaufwande man im Stande ist, eine Schußtafel für verschiedene Ladungen zu berechnen.

$k = \frac{x}{3}$	$\log\left(k + \frac{x}{3}\right)$	$\log x$	$\log \frac{2,4\ g}{c^3\ k}$
7302,4	3,86347	2,77815	2,07740 − 10;
7502,4	3,87520	3,07918	"
7702,4	3,88663	3,25527	"
7973,9	3,90167	3,41789	"
8208,4	3,91426	3,52088	"
8513	3,93008	3,62655	"
8757	3,94236	3,69583	"

daraus folgt als Summe

$\log \sin 2\alpha$	2α	α	plus Correctur ($. 9)
8,71902 − 10	3°	1° 30'	1° 30'
9,03178 − 10	6° 10'	3° 5'	3° 5'
9,21930 − 10	9° 32'	4° 46'	4° 46'
9,39646 − 10	14° 26'	7° 13'	7° 14'
9,51254 − 10	19°	9° 30'	9° 33'
9,63403 − 10	25° 30'	12° 45'	12° 52'
9,71559 − 10	31° 18'	15° 39'	15° 47'

2. Für 3 ℳ. Ladung setzen wir nach §. 7

$c = 803$ Fuß, $x = 600, 1200, 1800$ Schritt;

$k + \frac{x}{3}$,	$\log x \left(k + \frac{x}{3}\right)$	$\log \frac{2,4\ g}{c^2\ k}$	$\log \sin 2\alpha$
$\log\left(k + \frac{x}{3}\right)$ und $\log x$ wie oben	6,64162	2,21422 − 10	8,85584 − 10
	6,95438	"	9,16860 − 10
	7,14190	"	9,35612 − 20

Dann folgt

$$2\alpha = 4° 7' \quad 8° 29' \quad 18° 7'$$
$$\alpha = 2° 3\tfrac{1}{2}' \quad 4° 14\tfrac{1}{2}' \quad 6° 33\tfrac{1}{2}', \text{ während}$$
$$\alpha_{,} = 2° 2\tfrac{3}{4}' \quad 4° 15\tfrac{1}{2}' \quad 6° 33'$$

direct aus Schießergebnissen entnommen sind.

3. Für 2,2 U. Ladung setzen wir $c = 680$ Fuß. Wie vorhin ändert sich auch hier und bei allen Ladungen, unter Beibehaltung gleicher Entfernungen, nur der $\log \frac{2,4\,g}{c^2\,k}$ und so erhält man für

$$x = 600, \quad 1200, \quad 1800 \text{ Schritt}$$
$$\alpha = 2° 52\tfrac{1}{4}' \quad 5° 56' \quad 9° 13\tfrac{1}{2}', \text{ während}$$
$$\alpha_{,} = 2° 53\tfrac{1}{4}' \quad 5° 58\tfrac{1}{2}' \quad 9° 1\tfrac{1}{2}'$$

sich aus den Schießresultaten ergaben,

4. Für 1,7 U. setzen wir $c = 594$ Fuß und finden für

$$x = 600, \quad 1200, \quad 1800 \text{ Schritt}$$
$$\alpha = 3° 46' \quad 7° 49' \quad 12° 15\tfrac{1}{4}'$$

gegenüber $\alpha_{,} = 3° 44\tfrac{1}{2}' \quad 7° 56' \quad 12° 12$

aus den Schießergebnissen.

Ohne Zweifel sind diese Elevationen mit genügender Annäherung wiedergegeben.

§. 9.
Berechnung der horizontalen Schußweite.

Um ein sicheres Urtheil zu gewinnen über die Größe des Fehlers bei der Berechnung der Elevation, und um zugleich einen Führer zu haben, diesen Fehler aufheben zu können, ist es nöthig, mittelst der errechneten Elevationen die horizontalen Schußweiten zu bestimmen.

Nehmen wir wieder aus §. 8 die Gleichung

$$6 \sin \alpha = r(3u + u^2), \text{ so ergiebt sich}$$
$$u^2 + 3u = \frac{6 \sin \alpha \cdot c^2}{g\,k \cdot 2,4},$$

also

$$u = -\frac{3}{2} + \sqrt{\frac{9}{4} + \frac{6 \sin \alpha \cdot c^2}{g\,k \cdot 2,4}}$$

und

$$x = k \cdot \cos \alpha \left(-\frac{3}{2} + \sqrt{\frac{9}{4} + \frac{6 \sin \alpha \cdot c^2}{g\,k \cdot 2,4}}\right).$$

Das negative Vorzeichen der Wurzel hat hier offenbar keinen Sinn, da die Schußweiten nur positiv sein können. Die obige Gleichung wurde erhalten, indem man $y = 0$ setzte. Dieser Ordinate entspricht auch die Schußweite $x = 0$, welcher Werth ebenfalls aus der Bahngleichung hervorgeht, welcher hier aber durch die in §. 7 ausgeführte Division mit u verschwunden ist.

Als Beispiele seien gegeben

$\alpha = 4° 46'$ $\alpha_1 = 15° 36'$, dazu $c = 940$ Fuß,
$k = 7102,4$ Schritt.

Dann findet man

$x = 1799,2$, $x_1 = 4934$ Schritt.

Die große Schußweite mußte sich zu 4964 Schritt ergeben, weil $c = 940$ Fuß aus dieser Zahl hervorgegangen war. Hier ist der bei der Berechnung der Elevation begangene Fehler leicht zu erkennen. Wählt man nämlich die Elevation $15° 47'$, so findet man $x = 4965$ Schritt. Die Elevation bedarf also für diese Entfernung einer Correctur von $+ 8'$ oder $\frac{7}{15}$ Grad. Dies ist eine Differenz, welche für die Praxis keine Bedeutung hat, und übrigens, einmal gefunden, leicht zu beseitigen ist.

Bei mittleren Entfernungen bis etwa 2000 Schritt ist dieser Fehler noch fast Null; deshalb ist erst bei größeren Entfernungen auf ihn zu rücksichtigen. Zu dem Zwecke vertheilt man die 8 Minuten je nach Verhältniß der Entfernungen und addirt die Antheile zu der berechneten Elevation. Es kann auch ohne Schaden für den praktischen Gebrauch unterlassen werden.

§. 10.
Berechnung der Einfallwinkel.

Die Kenntniß von Anfangspunkt, Anfangsrichtung und Endpunkt einer Curve reichen noch nicht hin, auf die Form derselben schließen zu lassen. Ist aber außerdem der Winkel, welchen die Tangente irgend eines Punktes mit der Abscissenachse bildet, bekannt, und darf man annehmen, daß die Curve stetig und überall nach derselben Seite gekrümmt sei, was hier doch jedenfalls stattfindet; oder wenn man also in unserem Falle noch den Einfallwinkel kennt, so ist die ganze Curve bekannt. Wenn dann die Gleichung des Tangentenwinkels, aus einer rein analytischen

Rechnung hervorgegangen, diesen Winkel richtig ergiebt, so ist sie für
alle Punkte der Curve gültig, und man ist berechtigt, alle Schlüsse, welche
man aus ihr ziehen darf, für wahr zu halten.

Für die Prüfung einer die Einfallwinkel ergebenden Gleichung steht
uns kein anderes Mittel zu Gebote, als ihre Resultate mit denen einer
anderen allgemein bekannten und anerkannten Näherungsformel zu vergleichen.

Diese Formel ist die in der Praxis bisher angewendete

$$\tang \varphi = \frac{A \tang (\alpha - \alpha_1)}{A - a},$$

wo α die zu der Entfernung A und α_1 die zu der etwas kleineren Entfernung a gehörige Elevation bedeuten.

Diese Formel ist aus der Vorstellung entstanden *): 1) daß, wenn man
für die kürzere Entfernung a den Horizont um die Elevationsdifferenz
$\alpha - \alpha_1$ aufwärts schwenken könnte, beide Bahnen in der bezüglichen
Länge congruent sein würden, so daß die größere nur eine Fortsetzung
der kleineren bis zu dem natürlichen Horizonte sein würde; und 2) daß
man den letzten Theil einer Flugbahn als Parabelstück ansehen dürfe.

Der Grad der Zuverlässigkeit läßt sich am besten an der Parabel
selbst prüfen, welche den Einfallwinkel gleich dem Abgangswinkel
giebt.

Als Beispiel mögen dienen
$$A = 1000, 2000, 3000, 4000 \text{ Schritt.}$$

Es ist zunächst α zu bestimmen aus

$$\sin 2\alpha = \frac{2,4 \cdot g A}{c^2} \text{ für } c = 940 \text{ Fuß,}$$

und man findet
$$\alpha = 2° 26' 4\tfrac{1}{2}''', \quad 4° 53' 13'', \quad 7° 22' 34'', \quad 9° 55' 25'';$$
analog findet man
$$a = 990 \qquad 1990 \qquad 2990 \qquad 3990 \text{ Schritt}$$
$$\alpha_1 = 2° 24' 36\tfrac{1}{2}''', \quad 4° 51' 44'', \quad 7° 21' 3'', \quad 9° 53' 52'';$$
also ergeben sich die Differenzen
$$\alpha - \alpha_1 = 1' 28'' \qquad 1' 29'' \qquad 1' 31'' \qquad 1' 33''.$$

---

*) Abhandlung über das Schießen und Werfen aus Geschützen des
Herrn Oberst Neumann. Berlin 1855. §. 222 — 225.

Mittelst dieser Werthe und der Gleichung

$$\tan \varphi = \frac{A \tan(\alpha - \alpha_1)}{A - \alpha} \text{ wird}$$

$\varphi = 2° 26' 30''$, $4° 56'$, $7° 32' 30''$, $10° 13'$.

Man sieht, daß die Formel sämmtliche Einfallwinkel zu groß angiebt und zwar um

$\varphi - \alpha = 25\frac{1}{2}''$ $2' 47''$ $9' 56''$ $17' 35''$.

Bei dem Vergleiche dieser und der jetzt aufzustellenden Formel müssen also Differenzen, welche den eben gefundenen entsprechen, zum Vorschein kommen. Nach der Größe derselben wird man einen Schluß auf die Brauchbarkeit beider Formeln ziehen können.

Die trigonometrische Tangente des Winkels, welchen die Tangente einer Curve mit der Abscissenachse bildet, wird in der Analysis durch den Differenzialquotienten $\frac{dy}{dx}$ ausgedrückt. Heißt dieser Winkel φ, so erhalten wir

$$\tan \varphi = \frac{dy}{dx} = \tan \alpha = \frac{gx}{c^2 \cos \alpha^2} - \frac{gx^2}{2c^2 k \cos \alpha^2}$$

oder, indem man durch die Substitution von $\frac{x}{k \cos \alpha} = u$ zu den absoluten Zahlen übergeht,

$$\tan \varphi = \tan \alpha - \frac{gk}{c^2 \cos \alpha} u - \frac{gk}{2c^2 \cos \alpha} u^2,$$

woraus

$$\tan \varphi = \tan \alpha - \frac{gk}{2c^2 \cos \alpha}(2+u)u.$$

Der Anfang der Coordinaten liegt in der Geschützmündung; deshalb wird für das Ende der Bahn der Winkel φ ein stumpfer sein, dessen Supplement der Einfallwinkel genannt wird. Es folgt, daß für die Berechnung des Einfallwinkels $\tan \varphi$ negativ sein muß. Dies findet natürlich für alle Werthe von φ des absteigenden Astes der Bahn überhaupt statt. Die numerische Berechnung dieser Formel ist etwas unbequem; wenn sich nun die Differenzen ihrer Resultate gegen die der bisherigen Formel nicht zu groß herausstellen, so dürfte für den allgemeinen Gebrauch die letztere, mit Rücksicht auf den Grad von Genauigkeit, welchen man in der Praxis für die Kenntniß der Einfallwinkel verlangt, den

Vorzug haben. Allerdings ist dabei vorausgesetzt, daß man eine Schußtafel habe, welche wenigstens auf Minuten abgerundet ist.

Ist $x = 2000$ Schritt, $\alpha = 5°\,21'$, $x_1 = 3000$ Schritt, $\alpha_1 = 8°\,26'$, $x_2 = 5000$ Schritt, $\alpha_2 = 15°\,54'$ gegeben, so findet man $\varphi = 5°\,46'$, $\varphi_1 = 9°\,30\frac{1}{2}'$ und $\varphi_{11} = 18°\,57'$.

Die Elevationsdifferenz für 100 Schritt ist bei 2000, 3000 und 5000 Schritt resp. $17\frac{1}{4}'$, $19\frac{1}{4}'$ und $24'$, also giebt

$$\frac{A \tang (\alpha - \alpha_1)}{A - a} = \tang \varphi$$

den Winkel φ resp. $5°\,48'$, $9°\,45'$ und $19°\,14\frac{1}{4}'$.

Die erhaltenen Differenzen erscheinen danach unbedeutend, wenn man noch bedenkt, daß für die durch die zweite Art der Berechnung erhaltenen Werthe eine nachträgliche Ausgleichung der ganzen Einfallwinkel-Reihe durchaus nöthig ist; und da wir hinfort nur mit dem Cosinus zu thun haben werden, so kann man beide Formeln für einander setzen.

Um bei Benutzung der älteren Formel von dem nothwendigen Besitze einer vollständigen Schußtafel frei zu sein, sei folgende Gleichung für die Differenzen der Elevationen hierher gesetzt:

$$\sin \Delta \alpha = \frac{g(3k + 2x)\Delta x}{6\,c^2\,k\,\cos 2\alpha}.$$

Anmerkung (Figur 1):

Man möge dem Verfasser erlauben, dieser Arbeit einige Notizen für graphische Darstellungen beizugeben.

Construction der Einfallwinkelcurve.

Die Gleichung

$$\tang \varphi = \frac{A \tang (\alpha - \alpha_1)}{A - a}$$

ist um so richtiger, je kleiner $A - a$ ist, also für dx; dann ist

$$\tang \varphi = \frac{x \tang d\alpha}{dx} \text{ oder } \frac{x\,d\alpha}{dx},$$

da die Erhöhungswinkelcurve in Wahrheit die Größe der zugehörigen Bogen in Längen irgend einer Einheit ausdrückt. $\frac{d\alpha}{dx}$ bedeutet dann die Tangente dieser Curve für den Punkt, dessen Abscisse x ist, also $x\frac{d\alpha}{dx}$, eine Linie, welche dieser Tangente parallel ist und durch den Nullpunkt geht, so daß die Größe von tang φ immer in der durch den Schnitt dieser Linie begrenzten, zu x gehörigen Ordinate angedeutet ist. Einige solcher Schnittpunkte bestimmen die Curve tang φ, welche in eine Winkelcurve zu übertragen ist. Bogen und ihre Functionslinien sind den Radien proportional; wurde also 1 Grad durch eine Quadratseite bezeichnet, so ist der zugehörige Radius auf folgende Weise ermittelt:

$$R. \text{ arc. } 180° = R \pi, \text{ also } R. \text{ arc } 1° = \frac{R \pi}{180} = 1, \text{ woraus } \log R = 1,75812.$$

So erhalten wir für

$$x = 1500 \quad 2500 \quad 3500 \quad 5000 \text{ Schritt,}$$
$$\text{tang } \varphi = 4,17 \quad 7,70 \quad 12,22 \quad 20,16,$$

also nach Division mit R und mittelst der Logarithmentafel

$$\varphi = 4° \ 10' \quad 7° \ 39' \quad 12° \ 2' \quad 19° \ 24'.$$

Die Curve fällt übrigens bis 2500 Schritt fast genau mit der Curve tang φ zusammen, d. h. man hat in diesen Fällen die Einfallwinkel ohne alle Rechnung.

§. 11.
Berechnung der Geschwindigkeit in jedem beliebigen Punkte der Bahn.

Die analytische Mechanik giebt für die Geschwindigkeit in jedem beliebigen Punkte der Bahn unabhängig von dem besonderen Luftwiderstandsgesetze die Gleichung

$$v^2 = - g \frac{d x}{d \varphi} \text{ (man sehe Anhang),}$$

wo φ den Winkel der Bahntangente mit dem Horizonte bezeichnet und in jedem besonderen Falle durch das Luftwiderstandsgesetz bestimmt ist.

In §. 10 war

$$\text{tang } \varphi = \text{tang } \alpha - \frac{g}{2 c^2} \frac{k}{\cos \alpha} (2 u + u^2);$$

wird diese Gleichung nach u differenziirt, so entsteht

$$\frac{d \varphi}{\cos \varphi^2} = \frac{g}{c^2} \frac{k}{\cos \alpha} (1 + u) \ du.$$

Ferner ist

$$du = \frac{dx}{k \cos \alpha}, \text{ da } u = \frac{x}{k \cos \alpha}$$

und die Veränderung nur im Sinne der x genommen ist, also

oder
$$\frac{d\varphi}{du} = \frac{g \cos \varphi^2 (1+u)}{c^2 \cos \alpha^2}$$

$$\frac{du}{d\varphi} = \frac{c^2 \cos \alpha^2}{g \cos \varphi^2 (1+n)},$$

woraus
$$v^2 = \frac{c^2 \cos \alpha^2}{\cos \varphi^2 (1+u)}$$

hervorgeht als Ausdruck für die Geschwindigkeit der Geschosse unserer gezogenen Geschütze.

Es fällt sofort auf, wie nahe diese Formel mit der parabolischen

$$v^2 = \frac{c^2 \cos \alpha^2}{\cos \varphi^2}$$ zusammenhängt.

Trotz dessen darf man beide in der Praxis nicht vertauschen. Da φ als Einfallwinkel immer größer ist als α, was bei der Parabel nicht vorkommen kann, so ist $\cos \varphi$ kleiner als $\cos \alpha$, folglich v größer als c, was nicht der Fall sein kann.

Ganz allgemein heißt für das quadratische Luftwiderstandsgesetz der Ausdruck für die Geschwindigkeit, welche dem Tangentenwinkel φ entspricht,

$$v^2 = \frac{c^2 \cos \alpha^2}{e^{s/k} \cos \varphi^2} \;*),$$

wo e die Grundzahl der natürlichen Logarithmen und s die zurückgelegte Bogenlänge bedeuten.

Die Funktion $e^{s/k}$ ist die bekannte Reihe

$$e^{s/k} = 1 + \frac{s}{k} + \frac{s^2}{2! \, k^2} + \frac{s^3}{3! \, k^3} + \ldots,$$

welche für kleine $\frac{s}{k}$ sehr schnell convergirt, so daß man näherungsweise

---

*) Mathematische Theorie des Ricochettschusses des Herrn Oberst Otto, pag. 8.

$$e^{s/k} = 1 + \frac{s}{k}$$

setzen darf, welches in Verbindung mit unserer Gleichung heißen würde

$$1 + \frac{s}{k} = 1 + u, \text{ oder } \frac{s}{k} = \frac{x}{k \cos \alpha}.$$

Aus dieser Gleichung darf aber nicht $s = x \cos \alpha$ gefolgert werden, da die Multiplication mit k (7102,4 Schritt) eine bedeutende Abweichung hervorbringen würde.

Die obige Gleichung heißt auch

$$v = \frac{c \cos \alpha}{\cos \varphi \; e^{\frac{s}{2k}}};$$

daraus geht für uns die Gleichung

$$v = \frac{c \cos \alpha}{\cos \varphi \left(1 + \frac{u}{2}\right)}$$

hervor, welche convergenter ist als diejenige, welche die Quadrate enthält.

Für kleine Entfernungen (bis 1000 Schritt) wird einfach

$$v = \frac{c}{1 + \frac{u}{2}}.$$

Hiernach ergiebt sich nun beispielsweise die Endgeschwindigkeit für

x =	2000'	5000 Schritt
α =	5° 21'	15° 54'
φ =	5° 48'	19° 20'
u =	0,288	0,732
v =	830	701,7 Fuß.

Für 4 U. Ladung ergiebt sich unter Mitbenutzung graphischer Interpolation folgende Tafel:

Entfernung Schritt	Endgeschwindigkeit Fuß	Entfernung Schritt	Endgeschwindigkeit Fuß
200	927,5	2800	792,5
400	915	3000	783,5
600	903	3200	775
800	891	3400	766,5
1000	879,5	3600	758
1200	869	3800	750
1400	858,5	4000	741,5
1600	848,5	4200	733,5
1800	839	4400	725,5
2000	830	4600	716
2200	820,5	4800	709
2400	811	5000	701,5
2600	801,5		

Anmerkung.

Die Gleichung der Endgeschwindigkeiten bietet eine Gelegenheit, die Resultate der Methode, welche die ballistischen Gesetze graphisch darstellt, mit denen der Rechnung zu vergleichen.

Wir haben allgemein

$$v^2 = -g \frac{dx}{d\varphi},$$

wo $d\varphi$ die Veränderung der Winkel φ für dieselbe Bahn, also für constante α bedeutet. Für das Ende der Bahn ist φ der Einfallwinkel und sei $= a$. Geht man nun, wie in §. 10 bei der Bestimmung der Einfallwinkel durch die Formel

$$\operatorname{tang} \varphi = \frac{A \operatorname{tang}(\alpha - \alpha_{,})}{A - a},$$

wieder von der Vorstellung der Congruenz zweier Bahnen für die Entfernungen x und x — dx aus, so ist der Einfallwinkel b der kürzeren Bahn bezeichnet durch den Winkel der Tangente mit dem um die Elevations-Differenz $d\alpha$ aufwärts geschwenkten Horizont. Diese Tangente fällt mit der für denselben Punkt der längeren Bahn bei wirklicher Congruenz ganz, also wenigstens nahe zusammen; ihr Winkel c mit dem natürlichen Horizonte ist aber um die Elevations-Differenz $d\alpha$ kleiner als der Winkel b, folglich ist die Veränderung der Tangentenwinkel der längeren Bahn ausdrückbar durch (Figur 2)

alfo ift
$$(a - b + d\alpha) = d\varphi \,^*);$$
$$\frac{d\varphi}{dx} = \frac{a-b}{dx} + \frac{d\alpha}{dx}.$$

Der Differenzquotient $\frac{a-b}{dx}$ ift in der Einfallwinkelcurve dargeftellt durch die Richtung der Tangente in dem Punkte, welcher x entspricht und $\frac{dx}{d\alpha}$ durch die der Tangente der Elevationscurve für dasselbe x.

Die Verhältnisse $\frac{a-b}{dx}$ und $\frac{dx}{d\alpha}$ können erfetzt werden durch

$$\frac{\varDelta a}{\varDelta x} \text{ und } \frac{\varDelta \alpha}{\varDelta x},$$

und diese direct durch die Winkeldifferenzen für eine kleine Entfernung, etwa 50 oder 100 Schritt, dividirt durch diese Entfernung; so findet man z. B. für 2000 bis 2100 Schritt und 4 ℋ. Ladung und die Entfernung $\varDelta x = 100$ Schritt $\varDelta a + \varDelta \alpha = 20' + 17\frac{1}{2}' = 37\frac{1}{2}'$. Da φ ein stumpfer Winkel ift, so wird

$$\text{tang } \varDelta \varphi = -\varDelta \varphi,$$
alfo
$$v^2 = \frac{g \varDelta x}{\text{tang } \varDelta \varphi}, \text{ wofür man auch}$$

$\frac{g \varDelta x}{\sin \varDelta \varphi}$ fetzen kann.

Dann findet man v = 830 Fuß; analog wird für 5000 Schritt ($\varDelta \varphi =$ 30' + 24' = 54') v = 691 Fuß, wobei natürlich abfolute Genauigkeit nicht erwartet werden kann.

§. 12.
Berechnung der Flugzeiten.

Die ftrengfte Prüfung der aufgeftellten Bahngleichung würde der Vergleich einer andern Zahlenreihe bilden, welche von der der Schußtafel zu Grunde liegenden gänzlich unabhängig ift, nämlich der Vergleich der beobachteten Flugzeiten mit den hier zu berechnenden. Diefe Zahlenreihe kann wegen der unvermeidlich größeren Beobachtungsfehler nicht diefelbe

---

*) b ift Außenwinkel des Dreiecks, in welchem d α und c liegen.

Uebereinstimmung zeigen wie die der Elevationen. Indessen ist sie durch graphische Interpolation ausgeglichen, und die so erhaltenen Resultate mögen hier herangezogen werden.

Die Mechanik (siehe Anhang) giebt die Flugzeit

$$t = \frac{2\,k\,\cos\varphi}{c\,\cos\alpha}\,e^{\frac{s}{2\,k}} - \frac{2\,k}{c}.$$

Setzt man für die Einfallwinkel

$$\cos\varphi = \cos\alpha,$$

so wird

$$t = \frac{2\,k}{c}(e^{\frac{s}{k}} - 1), \text{ und wenn } \frac{s}{2\,k} = \frac{x}{2\,k\,\cos\alpha} = \frac{u}{2},$$

ist

$$t = \frac{2\,k}{c}(e^{\frac{u}{2}} - 1)\ \ldots\ \text{a}).$$

Diese Gleichung wurde auch bisher für kleine Elevationen benutzt; sie erfordert aber für ihre bequeme Verwendung eine für $e^m - 1$ ausgerechnete Tafel *). (Anhang.)

Es ist

$$e^{\frac{u}{2}} = 1 + \frac{u}{2} + \frac{u^2}{2.4} + \frac{u^3}{2.3.8} + \ldots;$$

diese Reihe convergirt in unserem Falle so stark, daß wir

$$e^{\frac{u}{2}} = 1 + \frac{u}{2} + \frac{u^2}{2.4} \text{ setzen dürfen,}$$

also

$$e^{\frac{u}{2}} - 1 = \frac{u}{2} + \frac{u^2}{2.4} = \frac{u}{2}\left(1 + \frac{u}{4}\right)$$

und

$$t = \frac{2\,k}{c} \cdot \frac{u}{2}\left(1 + \frac{u}{2}\right) = \frac{k}{c}\,u\left(1 + \frac{u}{4}\right)\ \ldots\ \text{(b)}.$$

Hätte man $s = x$ gesetzt, wie das für geringe Elevationen zu geschehen pflegt, so würde

---

*) Diese Tafel findet man unter der Form $\log\frac{e^m - 1}{m}$ in „Hilfsmittel für ballistische Rechnungen". (Erste Lieferung, Seite 59), und in „Versuch zu einem System der Artillerie-Wissenschaft".

$$t = \frac{2k}{c}\left(\frac{x}{2k} + \frac{x^3}{2 \cdot 4\, k^3}\right) = \frac{\left(k + \frac{x}{4}\right)x}{c\, k} \ \ldots \ldots (c)$$

geworden sein.

Vernachlässigt man in (b) auch $\frac{u^2}{2 \cdot 4}$, so wird der Ausdruck

$$t = \frac{k\, u}{c} = \frac{x}{c \cos \alpha} \ \ldots \ldots (d)$$

noch leichter anwendbar, wofür man in der Praxis obenhin sagen dürfte

$$t = \frac{x}{c} \ \ldots \ldots (e).$$

Diese fünf Formeln sind zu prüfen, nachdem die Gesetze, welche sie ausdrücken, kurz in Worten dargestellt sein werden.

Die Formeln d und e zeigen:

1) man erhält annähernd die Flugzeit, wenn man mit der Anfangsgeschwindigkeit in die Entfernung dividirt und umgekehrt; oder

2) die Flugzeiten verhalten sich für dieselbe Ladung annähernd wie die Entfernungen; und

3) zeigen a, b, c und e: die Flugzeiten verhalten sich für gleiche Entfernungen umgekehrt wie die Anfangsgeschwindigkeiten.

Es möge nun an Beispielen das Verhalten der fünf Formeln a, b, c, d und e gezeigt werden.

Die Schußtafel giebt für 4 H bei 1800 Schritt die Flugzeit 4,77 Secunden.

Die Formel a giebt 4,91 Secunden,
    b ⋅ 4,90 ⋅
    c ⋅ 4,89 ⋅
    d ⋅ 4,61 ⋅
    e ⋅ 4,60 ⋅

Danach sind a, b, c gleichbedeutend; deshalb sei die bequemere Formel c gewählt.

	Schritt	nach c	nach d	nach e	Beobachtet und interpolirt
4 u. c = 940'	600	1,56	—	1,53	1,58
	1200	3,19	—	3,07	3,18
	1500	4,03	—	3,83	3,94
	1800	4,89	4,61	4,60	4,77
3 u. c = 803'	600	1,83	—	1,79	1,76
	1200	3,74	—	3,49	3,60
	1500	4,72	—	4,48	4,55
	1800	5,72	5,41	5,38	5,50
2,2u. c = 680'	600	2,16	—	2,12	2,10
	1200	4,41	—	4,24	4,27
	1500	5,57	—	5,29	5,37
	1800	6,76	6,43	6,36	6,47
1,7u. c = 594'	600	2,43	—	2,43	2,44
	1200	5,05	—	4,85	4,90
	1500	6,36	—	6,06	6,17
	1800	7,73	7,44	7,27	7,40

Eine weitere Prüfung dieser Formeln werden die Anwendung auf andere Kaliber und der Anhang ergeben.

§. 13.

Berechnung von Ordinaten der Flugbahn.

Bevor die Beobachtungen in Bezug auf den 24Uber geschlossen werden, wollen wir für eine mittlere Entfernung die Coordinaten des Culminationspunktes und für eine große Entfernung untersuchen, wie sich die Ordinaten in der Nähe des Endpunktes verhalten.

Das Geschoß culminirt in dem Punkte der Bahn, für welchen die Tangente dem Horizonte parallel, also der Winkel φ gleich Null ist.

1. Wir nehmen für diesen Fall die einfache Form

$$\tan \varphi = 0 = \tan \alpha - \frac{r}{\cos \alpha}\left(u + \frac{u^2}{2}\right);$$

daraus folgt

$$\sin \alpha = r\left(u + \frac{u^2}{2}\right)$$

oder

$$u^2 + 2u = \frac{\sin \alpha}{r},$$

also

$$u = -1 + \sqrt{1 + \frac{2\,c^2}{2{,}4}\frac{\sin \alpha}{g\,k}}$$

und

$$x = k \cos \alpha \left(-1 + \sqrt{1 + \frac{2\,c^2}{2{,}4}\frac{\sin \alpha}{g\,k}}\right).$$

Den so für x gefundenen Werth substituiren wir in die Bahngleichung und finden die zugehörige Ordinate y.

So finden wir für 1800 Schritt bei 4 ℔. Ladung die Abscisse des Culminationspunktes gleich 916 Schritt und erhalten

y = 7102,4 Schritt [0,01075 — (0,00505 + 0,00022)] = 38,9 Schritt

oder gleich 93,4 Fuß.

Um zu erfahren, wie viel die Erhebung über dem Horizonte bei dieser Entfernung von 916 Schritt durch den Luftwiderstand vermindert ist, haben wir nur das dritte Glied in y mit k zu multipliciren und finden

0,00022 . 7102,4 Schritt . 2,4 = 3,7 Fuß.

Im Anhange wird eine noch einfachere, aber strengere Manier gezeigt werden, den Culminationspunkt für alle Entfernungen zu bestimmen, während die gegebene Formel nur bis etwa 2500 Schritt annähernd richtig ist und zwar der Art, daß bei 5000 Schritt die jetzige Formel 2606 Schritt ergiebt, während aus der späteren 2630 Schritt folgen werden.

2. Die Berechnung der Schußtafel ist gestützt auf den Werth der Ordinate, welcher gleich Null ist; es müßte nach der Schußtafel die Bahngleichung also auch diesen Werth wieder herausbringen. Bei der Berechnung von α ist aber der Fehler begangen worden, daß das dritte Glied nur mit $\cos \alpha^2$ statt mit $\cos \alpha^3$ dividirt worden ist. Deshalb muß nothwendig y etwas zu klein werden. Es ist aber gleichzeitig die Correctur bezeichnet worden, so daß, während für 4964 Schritt α gleich

15° 39' gefunden wurde, die richtige Erhöhung $α_1 = 15° 47'$ geworden ist.

Wir erhalten dann für 15° 39'

a) $y = 2,4 . 7102,4$ Schritt $[0,19580 — (0,15879 + 0,03842)] = — 24,03$ Fuß;

für 15° 47'

b) $y_1 = 2,4 . 7102,4$ Schritt $[0,19759 — (0,15906 + 0,03852)] = 0$.

ad a)

Die Bahn, welche 15° 39' entspricht, muß nach §. 9 den Horizont auf 4934 Schritt schneiden und ist nach 30 Schritt natürlich ein Beträchtliches unter demselben.

ad b)

Die an demselben Ort angezeigte Correctur der Elevation bringt den Treffpunkt in den Horizont, wie es sein mußte. Hätte man für 15° 47' statt 4965 Schritt die Entfernung 4964 genommen, so würde $y = + 1,025$ Fuß herausgekommen sein. Einem Schritt entspricht hier eine Elevationsdifferenz von etwa $\frac{1}{31}$ Minuten $= \frac{1}{4}$ Minute. Man sieht hier einen der Elementarfehler, welche bei sonst gleichen Verhältnissen auf die Wahrscheinlichkeit des Treffens einwirken, einen Fehler, welcher auch absolut nicht zu vermeiden ist.

§. 14.

Zusammenstellung der gefundenen Gesetze.

Da die vorläufig wichtigsten Fragen für den 24¾ber behandelt sind, so wollen wir die darauf bezüglichen Formeln noch einmal zusammenfassen und der Vollständigkeit wegen die im Anhange zu entwickelnden gleichzeitig hierherstellen, während es vorbehalten bleibt, nach der Uebertragung auf die andern Kaliber noch ein interessantes und wichtiges Gesetz beizubringen für das Verhältniß zwischen Ladung und Anfangsgeschwindigkeit, und eine Anwendung zu machen für die Bestimmung einer Bahn durch gegebene Coordinatenpaare.

Der Grund für die Abweichung der Constanten der bisherigen Formeln von denen der Formeln des Anhanges wird später angegeben werden.

Es ergiebt sich

1) die Bahngleichung

$$y = x \, \text{tang} \, \alpha - \frac{g\,x^2}{2\,c^2 \cos\alpha^2} - \frac{g\,x^3}{6\,k\,c^2 \cos\alpha^3} \ldots \text{(a)}$$

oder

$$q = u \sin\alpha - r\frac{u^2}{1.2} - \frac{r\,u^3}{1.2.3},$$

wo

$$q = \frac{y}{k}, \quad u = \frac{x}{k \cos\alpha} \quad \text{und} \quad r = \frac{g\,k}{c^2},$$

oder

$$u \sin\alpha - r \, (e^u - 1 - u). \quad (\text{Anhang.})(b)$$

2) Für die Gleichung (a) und ihre Folgerungen ist

k = 7102,4 Schritt, log k = 3,85140 für den 24Uber,
k = 5816,2   ,   log k = 3,76464 . . 12Uber,
k = 3288,   ,   log k = 3,51694 . . 6Uber;

für die Gleichung (b) und ihre Folgerungen, also für die Formeln, in welchen e^u vorkommt, ist

k_1 = 8400, log k = 3,92428 für den 24Uber,
k_1 = 6739, log k = 3,82861 . . 12Uber
k_1 = 4121, log k = 3,61500 . . 6Uber.

Anmerkung:

$$\log 2,4 \cdot g = 1,87506.$$

3) Die Anfangsgeschwindigkeit

$$c = \sqrt{\frac{u(3+u)\,g\,k}{6 \sin\alpha}}.$$

Das Resultat ist gleich dem aus (b) mittelst der „Neuen Ballistischen Tafeln" des Herrn Oberst Otto berechneten:

$$c^2 = \frac{e^u - 1 - u}{u} \cdot \frac{g\,k}{\sin\alpha}.$$

4) Die Elevation aus

$$\sin 2\alpha = \frac{g}{c^2\,k}\left(k + \frac{x}{3}\right)x, \text{ mittelst } k,$$

wobei für die größten Entfernungen eine geringe Correctur nöthig ist, oder aus den N. B. T. mittelst k_1.

5) Die horizontale Schußweite

$$x = k \cos \alpha \left(-\frac{3}{2} + \sqrt{\frac{9}{4} + \frac{6 c^2 \sin \alpha}{g k}}\right),$$

oder am leichtesten aus einer noch zu beschreibenden graphischen Darstellung (Figur 3) der Flugbahn aller Kaliber mit allen Ladungen (mittelst k_1).

6) Der Tangentenwinkel aus

$$\tang \varphi = \tang \alpha - \frac{g\,k}{c^2 \cos \alpha} \left(u + \frac{u^2}{2}\right)$$

oder aus

$$\tang \varphi = \tang \alpha - \frac{g\,k_1}{c^2 \cos \alpha} (e^u - 1),$$

am besten aus der graphischen Darstellung (Figur 3); als Einfallwinkel aus

$$\tang \varphi = \frac{A \tang (\alpha - \alpha_1)}{A - a},$$

wo

$$\sin (\alpha - \alpha_1) = \frac{g(3k + 2A)(A - a)}{6 c^2 k \cos 2\alpha}.$$

7) Die Abscisse des Culminationspunktes ist

$$x = k \cos \alpha \left(-1 + \sqrt{+\frac{2 c^2 \sin \alpha}{g k}}\right)$$

bis 2000 Schritt, oder für alle Entfernungen aus

$$\sin \alpha = r (e^u - 1) \text{ (mittelst } k_1\text{)},$$

wo

$$\log u = \log \log \left(\frac{\sin \alpha}{r} + 1\right) - \log \log e$$

und

$$\log \log e = 0{,}63778 - 1.$$

8) Die Geschwindigkeit in jedem beliebigen Punkte der Bahn aus

$$v = \frac{c}{1 + \frac{u}{2}} \text{ für kleine,}$$

$$v = \frac{c \cos \alpha}{\cos \varphi \left(1 + \frac{u}{2}\right)} \text{ für alle Entfernungen mittelst } k,$$

oder aus

$$v = \frac{c \cos \alpha}{\cos \varphi \, e^{\frac{u}{2}}} \text{ mittelst } k_1,$$

ober aus
$$v^2 = -g \frac{dx}{d\alpha}$$
nach graphischen Darstellungen der Elevationen und der Tangentenwinkel.

9) Die Flugzeit aus

a, $t = \frac{2k_1}{c} (e^{\frac{u}{2}} - 1)$ (in Secunden)

b, $t = \frac{2k_1}{c} u \left(1 + \frac{u}{4}\right)$

c, $t = \frac{\left(k_1 + \frac{x}{4}\right) x}{c k_1}$

d, $t = \frac{x}{c \cos \alpha}$

e, $t = \frac{x}{c}$ $\Bigg\}$ für ganz kleine Entfernungen.

10) Aus a leiten wir ab:
$$dt = \frac{2k_1}{c} e^{\frac{u}{2}} d\frac{u}{2} = \frac{dx \, e^{\frac{u}{2}}}{c \cos \alpha}.$$

Setzen wir $dx = 50$ Schritt, so giebt die Proportion
$$dt : 1 \text{ Secunde} = \frac{50 \cdot 2{,}4}{\cos \varphi} : v$$

im vierten Gliede die Endgeschwindigkeit bis etwa 3000 Schritt. (Beispiele in §. 17.)

§. 15.
Uebertragung auf andere Kaliber.

Die eben zusammengestellten Gesetze gelten auch für andere Kaliber. Die Prüfung möge nun ausgeführt werden für den eisernen und den bronzenen 12Uber und die beiden, innerlich ganz gleichen 6Uber, und soll in der Berechnung der Anfangsgeschwindigkeiten bestehen. Ergeben nämlich alle Entfernungen je einer Ladung gleiche Anfangsgeschwindigkeiten, so sind alle andern Elemente Folgerungen derselben, und ihre Berechnung ist durch bloße Wiederholung zu bewirken. Es sind aber hier einige wichtige Bemerkungen vorauszuschicken. Wir setzen für die 12 K.ber unverändert λ = 0,23, und da

$$\log \lambda \, k = 3{,}12637$$

für die 12 K.ber war, so ergiebt sich

$$k = 5816{,}2 \text{ und } \log k = 3{,}76464.$$

Für die 6 K.ber paßt aber dieser Werth von λ nicht. Die Geschoßspitze derselben hat eine von der der 12- und 24 K.gen etwas abweichende Constructionsweise. Wahrscheinlich ist es in Folge derselben, daß die 6 K.ge etwas stumpfer wird und deshalb einen größeren Widerstand erregt, wodurch ein größerer Werth von λ erfordert wird, welcher sich gleich 0,33 ergiebt.

Es war für die 6 K.ber log λ k = 3,03545, deshalb k = 3288 Schritt, log k = 3,51694.

Im vorigen Paragraphen ist eine zweite Reihe von Gleichungen aufgeführt, obgleich sie erst später wird entwickelt werden, weil die Gleichung der Flugzeiten nicht direct aus unserer abgekürzten Bahngleichung hergeleitet ist und deshalb schon jetzt auf einen zweiten Werth von k, welchen wir k_1 genannt haben, aufmerksam gemacht werden mußte.

Nachdem die Anfangsgeschwindigkeiten werden berechnet sein, wollen wir mittelst der Werthe von k_1 einige Flugzeiten ermitteln, wobei am vortheilhaftesten sich die in Figur 3 mitgegebene Darstellung der Function $e^u - 1$ würde verwenden lassen, während wir nach

$$t = \left(k_1 + \frac{x}{4}\right) \frac{x}{c \, k_1}$$

rechnen wollen.

§. 16.

Anfangsgeschwindigkeiten der 12- und 6 K.ber.

a) Eiserner 12 K.ber.

1. Ladung: 2,1 K.

Gegeben: x = 1000 Schritt,   3000 Schritt,
    α = 2° 28',   8° 19¼',
gefunden: c = 960,3,   960,1 Fuß.

2. Ladung: 1,7 K.

Gegeben: x = 1000 Schritt,   2000 Schritt,
    α = 3° 6',   6° 41¼',
gefunden: c = 856,9,   850,2 Fuß,

im Mittel c = 853,4 Fuß.

3. Ladung: 1,1 K.

Gegeben: x = 1000 Schritt,   2000 Schritt,
α = 5° 2½,   10° 54′,
gefunden: c = 673,   671,6 Fuß.

4. Ladung: 0,8 K.

Gegeben: x = 1500 Schritt,
α = 11° 12′,
gefunden: c = 566,7 Fuß.

b) Bronzener 12Uber:

1. Ladung: 2,1 K.

Gegeben: x = 1000 Schritt,   3000 Schritt,
α = 2° 43′,   9° 13′,
gefunden: c = 915,2,   914,1 Fuß.

2. Ladung: 1,7 K.

Gegeben: x = 1000 Schritt,   2000 Schritt,
α = 3° 24½′,   7° 10½′,
gefunden: c = 817,4,   821,6 Fuß,

im Mittel c = 819,5 Fuß.

3. Ladung: 1,1 K.

Gegeben x = 1000 Schritt,   2000 Schritt,
α = 5° 37′,   12° 41′,
gefunden: c = 638,1,   640,2.

4. Ladung: 0,8 K.

1500 Schritt,
12° 31′,
537,9 Fuß.

c) Eiserner und gußstählerner 6Uber:

1. Ladung: 1,2.   log k = 3,51694.

x = 600,   1200,   1800,   2571,3   3242,   4160,   4806 Schritt.
α = 1° 13′,   2° 35′,   4° 4′,   6° 10′,   8° 20′,   11° 47′,   14° 32′,
c = 1060,   1058,   1064,   1062,   1063,   1057,   1056 Fuß.

In Bezug auf die Bestimmung von λ ist zu bemerken, daß es ja mittelst der Methode der kleinsten Quadrate immer möglich ist, für jede Functionsform Constante zu finden, welche sich mehr oder weniger den Beobachtungswerthen anschließen, daß es aber hier nothwendig ist, daß diese Constanten, aus der Versuchsreihe einer Ladung ermittelt, allen

Ladungen und gleichzeitig der Analogie mit andern Kalibern genügen. Hierbei sind nun die kleinen Entfernungen am wenigsten geeignet, da es doch nicht möglich ist, ihre Elevationen auf einzelne und selbst halbe Minuten genau zu bestimmen *). Die Größe von c hängt aber wesentlich von sin α ab, weshalb Minuten große Veränderungen hervorbringen. Bringen demnach die kleinen Entfernungen die richtige Anfangsgeschwindigkeit, so liegt das in dem scharfen Richten mit dem Aufsatze und in der Reducirung auf einen gemeinschaftlichen Treffpunkt.

Dieser störende Umstand verschwindet bei größeren Entfernungen. Darum bestimmen diese den Werth von λ, während die kleinen Entfernungen für kleine α den verschiedensten Werthen mit gleichem c entsprechen können.

2. Ladung: 0,9 ℔.

$x = 600,$ 1200, 1800 Schritt,
$α = 1° \ 40\tfrac{1}{4}',$ 3° 32′, 5° 34$\tfrac{1}{4}$′,
$c = 904,$ 906, 908 Fuß.

3. Ladung: 0,7 ℔.

$x = 600,$ 1200, 1800 Schritt,
$α = 2° \ 13',$ 4° 45′, 7° 32$\tfrac{1}{4}$′,
$c = 786,7,$ 782,2, 784,6 Fuß.

Flugzeiten nach der Formel:

$$t = \left(k_1 + \frac{x}{4}\right) \frac{x}{c \, k_1}.$$

Der Vortheil dieser Formel besteht darin, daß bei genügender Annäherung der ganze Ausdruck

$$\left(k_1 + \frac{x}{4}\right)\frac{x}{k_1}$$

für alle Ladungen eines Kalibers constant ist, und daß man ihn nur durch das variable c zu dividiren hat, wobei auf die gleichmäßige Benennung zu achten ist.

----

*) Ein ganz richtiger Quadrant zeigt $\tfrac{1}{16}$ Grade gleich 3$\tfrac{3}{4}$ Minuten.

24 Ħber. k₁ = 8400.

Anfangs-geschwindigkeit Fuß	Entfernung Schritt	Flugzeit berechnet Secunden	Flugzeit beobachtet Secunden
\multicolumn{4}{c}{4 ℳ. Ladung}			
940	1000	2,63	2,60
	1500	4,09	3,94
	2000	5,41	5,31
\multicolumn{4}{c}{3 ℳ. Ladung}			
803	1000	3,08	2,98
	1500	4,68	4,55
	2000	6,33	6,13
\multicolumn{4}{c}{2,2 ℳ Ladung}			
680	1000	3,63	3,55
	1500	5,53	5,37
	2000	7,48	7,20
\multicolumn{4}{c}{1,7 ℳ. Ladung}			
594	1000	4,16	4,10
	1500	6,33	6,18
	2000	8,56	8,28

Eiserner 12 Ħber. k₁ = 6739.

2,1 ℳ. Ladung

960	1000	2,59	2,61
	1500	3,96	3,95
	2000	5,37	5,30

1,7 ℳ. Ladung

853	1000	2,92	2,87
	1500	4,46	4,35
	2000	6,04	5,85

Anfangs-geschwindigkeit Fuß	Entfernung Schritt	Flugzeit berechnet Secunden	Flugzeit beobachtet Secunden
\multicolumn{4}{c}{1,1 ₰. Ladung}
672	1000	3,70	3,69
	1500	5,66	5,56
	2000	7,67	7,44
\multicolumn{4}{c}{0,8 ₰. Ladung}
567	1000	4,39	4,40
	1500	6,86	6,60
	2000	9,09	8,80
\multicolumn{4}{c}{Bronzener 12₰ber. $k_1 = 6739$ *).}
\multicolumn{4}{c}{2,1 ₰. Ladung.}
915	1000	2,72	2,90
	1500	4,15	4,18
	2000	5,64	5,63
\multicolumn{4}{c}{1,7 ₰. Ladung}
819	1000	3,04	3,06
	1500	4,64	4,64
	2000	6,31	6,26
\multicolumn{4}{c}{1,1 ₰. Ladung}
639	1000	3,90	4,00
	1500	5,95	6,03
	2000	8,07	8,05
\multicolumn{4}{c}{0,8 ₰. Ladung}
538	1000	4,63	4,73
	1500	7,06	7,10
	2000	9,58	9,49

*) Diese Resultate scheinen besonders beachtenswerth.

6 Hber. $k_1 = 4121$.

Anfangs-geschwindigkeit Fuß	Entfernung Schritt	Flugzeit berechnet Secunden	beobachtet Secunden
1,2 K. Ladung			
1060	1000	2,39	2,48
	1500	3,72	3,79
	2000	5,08	5,14
0,9 K. Ladung			
904	1000	2,80	2,83
	1500	4,35	4,31
	2000	5,95	5,83
0,7 K. Ladung			
786	1000	3,22	3,28
	1500	5,00	4,96
	2000	6,85	6,67
0,5 K. Ladung			
652	1000	3,88	3,97
	1500	6,02	6,00
	2000	8,25	8,04

Anmerkung:

1. Die Reihe der Flugzeiten muß offenbar ein Bild der abnehmenden Geschwindigkeiten geben; d. h. denken wir uns wieder die Congruenz zweier Flugbahnen für wenig verschiedene Entfernungen, so wird die Differenz der Flugzeiten angeben, mit welcher Geschwindigkeit der die kürzere Bahn überragende Theil der längeren zurückgelegt ist.

Die Differenz der Bahnlängen wird näherungsweise aus der Differenz der Schußweiten durch Division mit $\cos \varphi$ erhalten; also werden wir bekommen:

$$\Delta t : 1 \text{ Secunde} = \frac{\Delta x}{\cos \varphi} : v,$$

wo man $\cos \varphi$ bei kleinen Entfernungen vernachlässigen kann.

Die Flugzeiten-Differenz ist in §. 15 Nr. 9 gegeben:

$$\Delta t = \frac{\Delta x \cdot e^{\frac{u}{2}}}{c \cos \alpha}, \text{ d. h. } v = \frac{c \cos \alpha}{\cos \varphi \cdot e^{\frac{u}{2}}},$$

wie in §. 11.

Beispiel: Für 2000 Schritt und 4 ℔ finden wir beim 24 ℔der, wenn $\Delta x = 50$ Schritt,

$$\Delta t = 0{,}1446, \text{ daraus } v = 830 \text{ Fuß}.$$

Hat man also ganz genaue Flugzeit-Beobachtungen, so dienen diese direct zur Ermittelung der Geschwindigkeiten.

2. Aus der Beachtung der bald größeren, bald kleineren Abweichung der Rechnungs- und der Beobachtungs-Ergebnisse und in Verbindung mit dem Vorigen erhellt, daß die ersteren den letzteren an Werth nicht nachstehen können.

§. 18.
Verwandlung von Anfangsgeschwindigkeit in Ladung.

Drückt man die Ladungen in Zollpfunden aus und die Anfangsgeschwindigkeit in Fußen, so zeigen alle Kaliber folgende höchst einfache und wichtige Relation zwischen Anfangsgeschwindigkeit und Ladung:

Für preußisches Pulver verhalten sich die Anfangsgeschwindigkeiten wie die 1,8ten Wurzeln aus den Ladungsgewichten.

Da sich dergleichen empirisch gefundene Sätze nicht immer theoretisch beweisen lassen, so ist es zunächst wichtig, daß der aufgestellte Satz wahr ist.

Setzen wir die Anfangsgeschwindigkeit

beim 24 ℔der mit 4 ℔ = 940 Fuß,
beim eisernen 12 ℔der mit 2,1 ℔ = 960 Fuß,
beim bronzenen 12 ℔der mit 2,1 ℔ = 915 Fuß,
beim 6 ℔der mit 1,9 ℔ = 1060 Fuß,

so wird behauptet, daß die Anfangsgeschwindigkeiten aller Ladungen durch folgende Gleichungen gefunden werden:

Beim 24 Pfder:

$$c_1 = 940 \sqrt[1,8]{\frac{l_1}{4}};$$

beim bronzenen 12 Pfder:

$$c_1 = 915 \sqrt[1,8]{\frac{l_1}{2,1}};$$

beim eisernen 12 Pfder:

$$c_1 = 960 \sqrt[1,8]{\frac{l_1}{2,1}};$$

$$c_1 = 1060 \sqrt[1,8]{\frac{l_1}{1,2}} *).$$

a) 24 Pfder:
$l_1\ \text{П.} = 3\ \text{П.}$ 2,2 П.   1,7 П.
$c_1 = 801{,}2$,   674,3,   584,4 Fuß;
aus der Bahngleichung war
$c_1 = 803$,   677,   589 Fuß **).

b) Eiserner 12 Pfder:
$l_1\ \text{П.} = 1{,}7\ \text{П.}$ 1,1 П.   0,8 П.
$c_1 x = 853{,}7$,   670,3,   561,6 Fuß;
aus der Bahngleichung war
$c_1 = 853$,   672,   567 Fuß.

c) Bronzener 12 Pfder:
$l_1\ \text{П.} = 1{,}7\ \text{П.}$ 1,1 П.   0,8 П.
$c_1 = 813{,}7$,   638,9,   535,3 Fuß;
aus der Bahngleichung war
$c_1 = 819$,   639,   538 Fuß.

d) Beide 6 Pfder:
$l_1\ \text{П.} = 0{,}9\ \text{П.}$ 0,7 П.   0,5 П.
$c_1 = 904$,   786,   652 Fuß;
aus der Bahngleichung war
$c_1 = 904$,   786,   650 Fuß.

Für die bequeme Verwendung dieses Gesetzes seien folgende Zahlen aufgeführt.

---

*) Die in der Ballistik des Herrn Hauptmann Roerdanß und hier in der Einleitung aufgeführte Anfangsgeschwindigkeit von 1026 Fuß gehört einem besonderen Rohre mit längerem Ladungsraume an.

**) Aus der berichtigten Elevation.

	$\log \sqrt[1.8]{\overline{1}}$		$\log \sqrt[1.8]{\overline{1}}$		$\log \sqrt[1.8]{\overline{1}}$		$\log \sqrt[1.8]{\overline{1}}$
0,3	0,70951 — 1	1,5	0,09783	3	0,26507	6,5	0,45162
0,4	0,77892 — 1	1,6	0,11340	3,2	0,28806	7	0,46950
0,5	0,83276 — 1	1,7	0,12803	3,4	0,29527	7,5	0,49615
0,6	0,87675 — 1	1,8	0,14182	3,6	0,30906	8	0,50172
0,7	0,91394 — 1	1,9	0,15486	3,8	0,32210	8,5	0,51634
0,8	0,94616 — 1	2	0,16724	4	0,33448	9	0,53013
0,9	0,97458 — 1	2,1	0,17901	4,2	0,34625	9,5	0,54318
1	0	2,2	0,19023	4,4	0,35747	10	0,55556
1,1	0,02300	2,4	0,21123	4,5	0,36290	10,5	0,56733
1,2	0,04399	2,5	0,22108	5	0,38832	11	0,57855
1,3	0,06330	2,6	0,23054	5,5	0,41131	11,5	0,58928
1,4	0,08118	2,8	0,24842	6	9,43231	12	0,59955

Ist dieser Satz richtig, so würde daraus folgen:

1) daß weder der Drall noch der Ladungsraum auf das **Verhältniß** der Anfangsgeschwindigkeiten für verschiedene Ladungen unter sich irgend einen bedeutenden Einfluß haben*), wenn auch beide absolut genommen die Anfangsgeschwindigkeit bedingen; und also in Verbindung mit dem bisher Entwickelten:
2) daß die Erhebung über dem Horizonte nicht merkbar beeinflußt wird durch die Rotation, sondern fast nur abhängig ist von der Anfangsgeschwindigkeit und der Form und Schwere des Geschosses; oder
3) daß Ladungsraum und Drall der preußischen gezogenen Geschütze bei den verschiedenen Kalibern sehr nahe in einem, durch die Natur bedingten, richtigen mathematischen Verhältnisse stehen.

§. 19.
Anfangsgeschwindigkeit, durch electro-ballistische Versuche ermittelt.

Die Königlich Sächsische Artillerie veröffentlicht im 54. Bande des Archivs für die Offiziere der Königlich Preußischen Artillerie- und Ingenieur-Corps electro-ballistische Versuche zur Ermittelung von Anfangsgeschwindigkeiten. Seite 49 daselbst ist für den gezogenen Gußstahl-6 Uber die Anfangsgeschwindigkeit zu 312,39 Meter für 1,3 U. Ladung angeben. Das giebt 995,3 Fuß preußisch. Ferner sagt die Anmerkung auf Seite 37, daß die 1,3 U. sächsischen Pulvers, weil „die 24 procentige Kohle sich als zu stark gebrannt erwies", noch etwas kleinere Schußweiten gab, als nach der preußischen Schußtafel 1,2 U. Ladung.

Verwenden wir die eben gegebene Formel, um die preußische Ladung zu ermitteln, welche der sächsischen von 1,3 U. entspricht, so ist

$$\log 995{,}3 = 2{,}99795$$
$$\log 1060 = 3{,}02531$$
$$\text{Differenz} = 0{,}97264 - 1.$$

Dies addirt zu
$$\tfrac{1}{1{,}8} \log 1{,}2 = 0{,}04399$$

giebt 0,01663 und nach der Multiplication mit 1,8 wird 0,02993 der Logarithmus der zu suchenden Ladung in Zollpfunden, woraus

---
*) Ober dieser Einfluß ist durch unser Gesetz ausgedrückt.

wird.

$$l = 1{,}07\ \text{U.}\,{}^*)$$

Das heißt also: $(1{,}2 - 1{,}07\ \text{U.}) = 3{,}9$ Lth. bewirken eine Verminderung der Anfangsgeschwindigkeit von $(1060 - 995{,}3)$ Fuß $= 64{,}7$ Fuß beim 6 U.ber von 1,2 U. abwärts. Uebrigens bewahrheiten diese Versuche das in Bezug auf die Benutzung kleiner Entfernungen zu ballistischen Rechnungen in §. 16 Gesagte, da die angeführten Werthe von k (dort b) außerordentlich verschieden ausfallen, mit ihnen natürlich die von der Constanten λ.

Ob die in derselben Veröffentlichung gemuthmaßte Verschiedenheit zwischen Richtungs- und Abgangswinkel wirklich stattfindet? Versuche haben diese Ansicht hervorgerufen, Versuche haben das Gegentheil auch gezeigt, die Rechnung läßt sie bezweifeln.

§. 20.
Der Ricochetschuß und der bestrichene Raum.

Die in §. 18 gegebene Relation gestattet die allgemeinsten Verwendungen der Bahngleichung. Um eine derselben anzudeuten, sei der Ricochetschuß betrachtet. Seine Aufgabe ist, durch den Anfangspunkt und zwei gegebene Coordinatenpaare eine Bahn zu bestimmen, d. h. Ladung und zugehörige Elevation anzugeben. Zu dem Ende denke man zunächst die Coordinaten eines Punktes x_1 und y_1 gegeben und den Endpunkt der Bahn für die ganze Schußweite x im Horizonte der Geschützmündung liegend.

Da man wohl nicht über 2000 Schritt ricochettiren wird, so haben wir die Gleichung

$$\sin 2\alpha = \frac{g\left(k + \dfrac{x}{3}\right) x}{c^2\, k}$$

---

*) Für diejenigen Artillerien, welche denselben preußischen 6 U.ber, aber wohl mehrere verschiedene Pulversorten besitzen, kann diese Relation von Wichtigkeit sein. Mittelst dieser einfachen Rechnung wäre es leicht, für alle diese Artillerien die preußische Schußtafel nutzbar zu machen, während sie ohne dieselbe nicht immer zutreffen dürfte, und während es, für jedes Pulver sie zu erschießen, außerordentliche Kosten an Geld und Zeit verursachen würde.

und außerdem

$$y_1 = x_1 \tang \alpha - \frac{g\, x_1{}^2}{2\, c^2 \cos \alpha^2} - \frac{g\, x_1{}^3}{6\, c^2\, k \cos \alpha^2},$$

wo im dritten Gliede $\cos \alpha$ einmal $= 1$ gesetzt ist, ebenso wie bei der Entwickelung von $\sin 2\alpha$.

Die zweite Gleichung kann man schreiben:

$$\frac{y_1}{x_1} \cos \alpha^2 = \sin \alpha \cos \alpha - \frac{g\, x_1}{2\, c^2} - \frac{g\, x_1{}^2}{6\, c^2\, k}.$$

Substituirt man

$$\sin 2\alpha = \frac{g\left(k + \dfrac{x}{3}\right) x}{c^2\, k}$$

und bedenkt, daß $\dfrac{y^1}{x_1} = \tang \beta$ gleich der Tangente des sogenannten Terrainwinkels für y_1 ist, so wird

$$\tang \beta \cos \alpha^2 = \frac{g\left(k + \dfrac{x}{3}\right) x}{2\, c^2\, k} - \frac{g\left(k + \dfrac{x_1}{3}\right) x_1}{2\, c^2\, k}.$$

Dividirt man diese Gleichung durch $\sin 2\alpha$, so wird

$$\tg \beta \cotang \alpha = \frac{\dfrac{g\left(k + \dfrac{x}{3}\right) x - g\left(k + \dfrac{x_1}{3}\right) x_1}{c^2\, k}}{\dfrac{g\left(k + \dfrac{x}{3}\right) x}{c^2\, k}}$$

und nach gehöriger Reduction

$$\cotang \alpha = \frac{(3k + x)\, x - (3k + x_1)\, x_1}{(3k + x)\, x} \cotang \beta,$$

eine Formel, welche eine hinreichend einfache Gestalt hat.

Hieraus wird α gefunden und aus

$$c^2 = \frac{g\, k\, (3 + u)\, u}{6 \sin \alpha}$$

die Anfangsgeschwindigkeit, welche nach §. 18 in Ladung übertragen wird.

Ist nun außer x_1 und y_1 ein zweites Coordinatenpaar x_{11} und y_{11} gegeben, welchem der Terrainwinkel γ entspricht, so haben wir

$$\cotang \alpha = \frac{(3k+x)x - (3k+x_1)x_1}{(3k+x)x} \cotang \beta$$

$$= \frac{(3k+x)x - (3k+x_{11})x_{11}}{(3k+x)x} \cotang \gamma.$$

Hieraus ist die ganze Schußweite x als Wurzel einer quadratischen Gleichung leicht zu finden, und durch Substitution ihres Zahlenwerthes in cotang α die Elevation α, mit deren Hülfe sich auch wieder die Anfangsgeschwindigkeit resp. die Ladung ergiebt.

Die Bestimmung des bestrichenen Raumes führt auf die Lösung einer gemischten cubischen Gleichung, ist also unbequem. Deßhalb zeichne man lieber den letzten Theil der Bahn und entnehme daraus den gesuchten Werth, oder man berechne nach der in der „Abhandlung über das Schießen und Werfen aus Geschützen" des Herrn Oberst Neumann (Berlin, 1855) unter §. 225 gegebenen Formel:

$$\frac{x}{2}\left(1 - \sqrt{1 - \frac{4h}{x \tang \varphi}}\right),$$

wo x die ganze Schußweite und h die Größe der Ordinate (6 Fuß oder 9 Fuß) bedeuten.

§. 21.

Abhängigkeit der Geschwindigkeit von der Elevation.

Die Frage, ob die Anfangsgeschwindigkeit durch die Elevation des Rohres beeinflußt werde, soll hier nicht entschieden werden, wenn es nicht die aus den verschiedensten Elevationen errechneten Zahlen von selbst thun; sondern es soll untersucht werden, ob die Geschwindigkeit für gleiche Entfernungen unbekümmert um die Verschiedenheiten der Höhen über dem Horizonte gleich seien, und ob, ähnlich wie bei der Parabel, die Geschwindigkeit des im absteigenden Aste der Bahn sich bewegenden Geschosses wieder zunehme?

Da die Winkel, welche die Bahntangente mit dem Horizonte bildet, im aufsteigenden Aste bis zu Null abnehmen, so läßt die Formel

$$v = \frac{c \cos \alpha}{\cos \varphi \left(1 + \frac{u}{2}\right)}$$

sofort erkennen, daß für den Werth cos φ = 1 die Geschwindigkeit entschieden kleiner sein wird, als für einen Werth, welcher für dieselbe Entfernung dem Einfallwinkel einer Bahn entspricht; außerdem gehört zu dem ersteren Werthe nothwendig ein größeres α, also ein kleinerer cos α. Es muß mithin für jeden Punkt des aufsteigenden Astes die Geschwindigkeit kleiner sein, als für einen der Entfernung nach entsprechenden Punkt jeder tiefer liegenden Bahn; d. h. **die höhere Elevation bedingt im aufsteigenden Aste der Bahn eine größere Geschwindigkeitsabnahme.**

Die Geschwindigkeit, welche für den Endpunkt der Bahn berechnet wird, muß mit der in der Reihe der Endgeschwindigkeiten enthaltenen natürlich übereinstimmen. Daraus geht hervor, daß die Abnahme der Geschwindigkeit im absteigenden Aste eine geringere sein muß, als sie in der Reihe der Endgeschwindigkeiten sich ausdrückt, wenn die Endgeschwindigkeit überhaupt kleiner ist, als die Gipfelgeschwindigkeit; d. h. **im absteigenden Aste muß für große Entfernungen die Bewegung der Geschosse der gezogenen Geschütze mit fast gleichförmiger Geschwindigkeit geschehen,** da schon die Abnahme der Endgeschwindigkeiten für diese Entfernungen eine sehr geringe ist. Hiermit stimmt die Reihe der Tangentenwinkel überein, welche in der graphischen Darstellung für den absteigenden Ast fast eine gerade Linie bildet; oder mit andern Worten: die Differenzen $d\varphi$ sind nahe gleichmäßig, also kann die Formel

$$v^2 = -g\frac{dx}{d\varphi}$$

nur sehr langsam abnehmende Werthe für v ergeben.

Sollte die Geschwindigkeit im absteigenden Aste wieder zunehmen, so müßte die dem Nullpunkte entsprechende ein Minimum werden, und man könnte nun den Regeln der Differenzialrechnung gemäß fragen, ob die Function

$$v = \frac{c \cos \alpha}{\cos \varphi \left(1 + \frac{u}{2}\right)}$$

oder allgemeiner

$$v = \frac{c \cos \alpha}{\cos \varphi \; e^{\frac{u}{2}}}$$ überhaupt ein Minimum zuläßt?

Da v hier von den beiden Variablen φ und u abhängig ist, so müßten für den Fall eines Minimum die beiden Differenzialquotienten

$$\frac{dv}{du} \text{ und } \frac{dv}{d\varphi}$$

gleichzeitig zu Null werden.

Nun wird

$$\frac{dv}{du} = - \frac{c \cos\alpha}{2 \cos\varphi \, e^{\frac{u}{2}}}$$

und

$$\frac{dv}{d\varphi} = \frac{c \cos\alpha \sin\varphi}{\cos\varphi^2 \, e^{\frac{u}{2}}}.$$

Die rechte Seite der ersten Gleichung kann offenbar nur Null werden, wenn u unendlich ist, während die der zweiten Gleichung allerdings für $\varphi = 0$ verschwindet.

Das heißt nun: für die Bahn im luftleeren Raume ist die Geschwindigkeit im Culminationspunkte am kleinsten; für den lufterfüllten Raum ist das bei Voraussetzung eines quadratischen Luftwiderstandsgesetzes nicht möglich, sondern es findet eine fortwährende Abnahme der Geschwindigkeit statt. Ein ausgerechnetes Beispiel wird das Gesagte am einfachsten zeigen.

Beim 24 Uber ergeben sich für 4 N. auf 5000 Schritt zunächst folgende Tangentenwinkel:

Entfernung Schritt	Tangentenwinkel	Entfernung Schritt	Tangentenwinkel
0	15° 54'	2630	0
400	14° 4'	3000	2° 38'
800	12° 4'	3400	5° 46'
1200	9° 52'	3800	9°
1600	7° 26'	4200	12° 20'
2000	4° 45'	4600	15° 47'
2400	1° 52'	5000	19° 21'

Die Differenz für 100 Schritt ist bei 5000 Schritt ungefähr 53¼ Minuten; dann wird aus

$$v^2 = g \frac{100 \text{ Schritt}}{\sin 53\tfrac{1}{4}'}$$

die Geschwindigkeit gleich 695 Fuß.

Die ganze Reihe der Geschwindigkeiten wird:

Entfernung Schritt	Geschwindigkeit Fuß	Entfernung Schritt	Geschwindigkeit Fuß
0	940	2630	766
400	909	3000	750,5
800	879	3400	735
1200	851	3800	723
1600	825	4200	713,5
2000	801	4600	707
2400	779,5	5000	702

§. 22.

Die Percussionskraft.

Die Kenntniß der Endgeschwindigkeiten der Geschosse oder auch ihrer Geschwindigkeiten an beliebigen Bahnpunkten ist von Wichtigkeit für die Beurtheilung der Kraft, mit welcher sie auf das Ziel schlagen. Diese Kraft, welche die Percussionskraft genannt wird, ist das Product aus dem Gewichte des Geschosses in die Geschwindigkeit.

Da wir in §. 21 gesehen haben, daß für sehr große Entfernungen die Geschwindigkeiten sehr wenig von einander verschieden sind, z. B. 723 Fuß beim 24 ℔der mit 4 ℔ Ladung auf 3800 Schritt und 702 Fuß auf 5000 Schritt, so geht daraus hervor, daß es vollkommen angemessen erscheint, Ziele, welche hinreichend groß für die Wahrscheinlichkeit des Treffens sind, aus den größten Entfernungen mit gezogenen Geschützen zu beschießen und außer der Sprengwirkung bedeutende Erfolge zu erwarten.

In Bezug auf die Percussionskraft zeigt sich die außerordentliche Ueberlegenheit der größeren Kaliber; denn nicht blos ist z. B. der 24 ᴋber viermal schwerer als der 6 ᴋber, sondern trotz der bedeutend größeren Anfangsgeschwindigkeit des 6 ᴋbers nehmen seine Geschwindigkeiten auch in viel stärkerem Grade ab, wie das am übersichtlichsten aus den unsern Schußtafeln der gezogenen Geschütze angehängten Endgeschwindigkeits-Tabellen zu erkennen ist.

Das Eindringen der Geschosse in feste Materialien läßt sich wegen nicht hinreichend erkennbar gesetzmäßig sich äußernder Thatsachen noch nicht in empirisch richtige Formeln fassen. Will man darüber die Erfahrungsergebnisse für sphärische Geschosse in der Abhandlung über das Schießen und Werfen des Herrn Oberst Neumann (§. 257 und viele folgende) vergleichen, so wird sich das Gesagte in hohem Maße bestätigen. Dieser vollständigsten Sammlung aller Beobachtungen, welche hier einschlagen, würden die in den letzten Bänden des Archivs gegebenen Resultate englischer Versuche gegen Panzerwände nur hinzuzufügen sein, um die Unzulänglichkeit aller Formeln erkennen zu lassen. Das geht natürlich hervor, daß die Geschosse gezogener Geschütze den sphärisch gebildeten gegenüber im Vortheile sind, namentlich auch in Bezug auf das Zerschellen der Hohlgeschosse wegen der doch immer fast massiven Spitze der Langgeschosse, obgleich zu beachten ist, daß bei zu kleinem Anschlagwinkel sehr leicht ein Umschlagen der letzteren stattfinden kann, indem der cylindrische Theil seinen Weg frei fortsetzen darf, während die treffende Spitze schon abgelenkt wurde *).

Will man das Eindringen der Geschosse auch abhängig machen von dem Verhältnisse der lebendigen Kräfte, welche den Quadraten der Geschwindigkeit proportional sind, so bietet dieser Satz wohl ein allgemeines Urtheil, wonach Geschosse mit größerer Geschwindigkeit tiefer eindringen; aber er ist noch immer keine Basis für die praktische Rechnung.

Neben der Härte und Structur des zu durchbringenden Materials und neben der Geschwindigkeit des Geschosses üben die Form seiner Spitze, die Größe seines Durchmessers, die Beschaffenheit seines Materials, ver-

---

*) Es dürfte hierbei sogar geschehen können, daß die Zünderschraube so zur Seite gedrückt wird, daß der vorwärts eilende Nadelbolzen die Zündung derselben nicht mehr treffen kann und das Geschoß deshalb nicht gesprengt wird.

züglich die Größe des Anschlagwinkels und (hier mehr als bei der Bewegung in der Luft) die Größe des Rotationsmomentes in Verbindung mit der fortschreitenden Bewegung gewiß ihre beachtenswerthen Einflüsse. Für das Letztere ist anzuführen, daß sich die bohrende Wirkung des Geschosses in Mauerwerk vor der Sprengung deutlich genug gezeigt hat.

In Betreff der Wahrscheinlichkeit des Treffens wird darauf aufmerksam gemacht, daß die bis jetzt gefundene Gesetzmäßigkeit derselben in den den Schußtafeln beigefügten Trefffähigkeits-Tabellen ausgedrückt ist.

§. 23.
Das constante Verhältniß der Anfangsgeschwindigkeiten für Geschosse von verschiedenen Dichtigkeiten.

Durch das Auftreten des 48tbers, nachdem diese Arbeit schon der Druckerei übergeben war, ist es noch nachträglich gestattet: 1) das bei den anderen gezogenen Geschützen gefundene Gesetz für das Verhalten der Anfangsgeschwindigkeiten gegenüber verschiedenen Ladungen auch bei diesem Kaliber als bestätigt hinzustellen*); und 2) ein anderes hinzuzufügen:

Für Geschosse von verschiedenen Gewichten (Dichtigkeiten) verhalten sich die Anfangsgeschwindigkeiten unter sonst gleichen Verhältnissen (gleiche Form 2c.) umgekehrt wie die Quadratwurzeln aus den Gewichtszahlen derselben.

Man hat bekanntlich sich immer bemüht, für die auf irgend eine Weise ermittelten Anfangsgeschwindigkeiten Formeln aufzustellen, welche die Berechnung anderer für andere Verhältnisse gestatten sollten. Alle Versuche, sowohl die gegen das ballistische Pendel, als gegen rotirende Scheiben, als auch die electro-ballistischen haben in dieser Richtung für die glatten Geschütze Resultate geliefert, welche in ihrer Allgemeinheit beim Uebertragen auf die Praxis mehr oder minder angezweifelt worden sind, oder mindestens in sehr beschränktem Maße für die Aufstellung allgemeiner Gesetze verwendbar waren.

Es war eben nicht möglich, alle, selbst die erkennbaren, störenden Einflüsse (Spielraum u. s. w.) bei der Benutzung der Versuche der

---

*) In der hier bestimmten Form gilt das Gesetz zunächst natürlich nur für preußisches Pulver, Gewicht und Maß, während das zweite Gesetz allgemeine Gültigkeit hat.

Rechnung zu unterwerfen, wenn die Wirklichkeit nicht durch die Einfachheit der Gesetze entgegenkam.

Das eben ausgesprochene Gesetz ist zwar auch für sphärische Geschosse unter gewissen Verhältnissen behauptet, wohl aber nie mit solcher Bestimmtheit an gewöhnlichen Schießergebnissen bewiesen worden, wie es hier geschehen soll, wenn man unter Geschossen von verschiedener Dichtigkeit solche verstehen will, welche äußerlich congruent, sich in der Praxis unterscheiden als Granaten von verschiedener Wand- resp. Bleimantel-Stärke, als Vollgeschosse oder Shrapnels.

Der Grund, aus welchem das Gesetz bei den gezogenen Geschützen sich bestimmter ausspricht, liegt natürlich in der volleren Verwerthung der entwickelten Pulvergase und vielleicht in den in Beziehung zu den glatten Geschützen sehr kleinen Ladungsverhältnissen.

Haben zwei congruente Geschosse die Gewichte Q_1 und Q_{11}, welchen für die Ladungen l und L die Anfangsgeschwindigkeiten c und c_1 resp. C und C_1 entsprechen, und ist

$$c : c_1 = 1^{\frac{1}{1,8}} : L^{\frac{1}{1,8}},$$

so ist

$$c_1 : C_1 = Q_{11}^{\frac{1}{2}} : Q_1^{\frac{1}{2}},$$

oder ist

$$c : C_1 = 1^{\frac{1}{1,8}} Q_{11}^{\frac{1}{2}} : L^{\frac{1}{1,8}} Q_1^{\frac{1}{2}};$$

$$c : C = Q_{11}^{\frac{1}{2}} : Q_1^{\frac{1}{2}}$$

so ist auch

$$C : C_1 = 1^{\frac{1}{1,8}} : L^{\frac{1}{1,8}},$$

$$c : C_1 = 1^{\frac{1}{1,8}} : Q_{11}^{\frac{1}{2}} : L^{\frac{1}{1,8}} Q_1^{\frac{1}{2}}.$$

Um die Bedeutung dieser Proportionen auszusprechen, nehmen wir beispielsweise an, es wäre die Elevation der 24Udber-Granate von dem Gewichte Q für irgend eine Entfernung bei der Ladung l bekannt, und man suchte die Elevation des 24Udber-Vollgeschosses von dem Gewichte Q_{11} für irgend eine andere Entfernung bei der Ladung L, so ist es gleichgültig (nachdem man die Anfangsgeschwindigkeit c der Granate für l berechnet hat), ob man zuerst mittelst des Ladungsgesetzes die Geschwindigkeit c_1 für L und dann die gesuchte C_1 des Vollgeschosses mittelst des Geschoßgesetzes berechnet, oder ob man diese letztere findet, indem man zuerst das Geschoß- und dann das Labungs-Gesetz anwendet. Die Resultate beider Rechnungswege sind jedenfalls identisch; stimmen sie dann noch mit der Wirklichkeit überein, so sind beide Gesetze für beide Geschosse richtig.

Für die praktische Verwendung lassen sich noch leicht folgende beide Relationen herleiten, welche den etwaigen Mangel an Genauigkeit decken durch ihre für das Gedächtniß bequeme Form; nämlich:

1) $\alpha_1 : \alpha_{11} = Q_1 : Q_{11}$ und
2) $x_1 : x_{11} = Q_{11} : Q_1$, d. h.:

1. **Bei demselben Geschütze verhalten sich für gleiche Ladungen, gleiche Schußweiten und verschieben schwere Geschosse die Elevationen nahe wie die Gewichte der Geschosse.**

2. **Die Schußweiten verhalten sich für gleiche Ladungen, gleiche Elevationen und verschieben schwere Geschosse nahe umgekehrt wie die Gewichte der Geschosse.**

Haben nämlich alle Buchstaben ihre bisherige Bedeutung und beziehen sich die mit Zeiger versehenen auf die verschiedenen Geschosse von den Gewichten Q_1 und Q_{11}; bezeichne ferner a den constanten Theil von k, nämlich $\frac{k}{Q}$, und leiten wir

$$c^2 = \frac{(3k+x)xg}{3aQ \sin 2\alpha}$$

aus der Gleichung für die Elevationen

$$\sin 2\alpha = \frac{(k+\frac{x}{3})xg}{c^2 k}$$

ab, so ist

1) $c_1{}^2 : c_{11}{}^2 = \dfrac{(3k_1+x)xg}{3aQ_1 \sin 2\alpha_1} : \dfrac{(3k_{11}+x)xg}{3aQ_{11} \sin 2\alpha_{11}}$

worin die Factoren $\frac{xg}{3a}$ für diesen Fall gleich sind, so daß also

$$c_1{}^2 : c_{11}{}^2 = \frac{(3k_1+x)}{Q_1 \sin 2\alpha_1} : \frac{(3k_{11}+x)}{Q_{11} \sin 2\alpha_{11}}.$$

Ist nun

$$c_1{}^2 : c_{11}{}^2 = \frac{1}{Q_1} : \frac{1}{Q_{11}},$$

so ist
$$\frac{3 k_I + x}{\sin 2 \alpha_I} = \frac{3 k_{II} + x}{\sin 2 \alpha_{II}},$$
wofür man bei nicht großen Elevationen setzen kann (siehe Beispiele b)
$$\sin \alpha_I : \sin \alpha_{II} = 3 k_I + x : 3 k_{II} + x$$
oder für die Ausführung
$$\sin \alpha_I : \sin \alpha_{II} = k_I + \frac{x}{3} : k_{II} + \frac{x}{3}$$
oder selbst
$$\sin \alpha_I : \sin \alpha_{II} = k_I : k_{II} = Q_I : Q_{II},$$
und zum vorläufigen Anhalt
$$\alpha_I : \alpha_{II} = Q_I : Q_{II}.$$

2) Setzen wir
$$c_I{}^2 : c_{II}{}^2 = \frac{(3 k_I + x_I) x_I g}{3 a Q_I \sin 2 \alpha} : \frac{(3 k_{II} + x_{II}) x_{II} g}{3 \alpha Q_{II} \sin 2 \alpha}$$
$$= \frac{(3 k_I + x_I) x_I}{Q_I} : \frac{(3 k_{II} + x_{II}) x_{II}}{Q_{II}},$$
so ist also
$$(3 k_I + x_I) x_I = (3 k_{II} + x_{II}) x_{II}$$
oder
$$x_I : x_{II} = (3 k_{II} + x_{II}) : (3 k_I + x_I).$$

Da x_I und x_{II} für mittlere Entfernungen in Bezug auf $3 k$ immer klein sind, so kann man auch setzen
$$x_I : x_{II} = k_{II} : k_I = Q_{II} : Q_I.$$

Die durch die Abkürzungen erzeugten Ungenauigkeiten stehen bei der wirklichen Rechnung unter einer leicht auszuführenden Controle, und da sie hier immer kleiner sind, als die bei glatten Geschützen unvermeidlichen, so möge man sie wegen des möglichen Nutzens der Formeln gestatten.

Diese sämmtlichen Sätze sollen jetzt durch Beispiele geprüft werden:

a) Wählt man beim 48 A.ber für zwei Geschoßarten von 107 A. (A) und 125 A. (B) die Zahl $\lambda = 0{,}23$, so wird
$$k_I = 8294 \text{ Schritt, } \log k = 3{,}91878 \text{ für A,}$$
$$k_{II} = 9690 \quad \cdot \quad \log k = 3{,}98631 \cdot \text{ B.}$$

Es geschah ein einziger Schuß des Geschosses mit einer Ladung von 6 A. unter der Elevation von 4° 30'. Die Schußweite betrug 1423 Schritt, welcher ein Terrainwinkel von $- 6$ Minuten, (also

$\alpha = 4°\ 36'$ entsprach. Hieraus sollen für beliebige Labungs- und Geschoß-Gewichte und für beliebige Entfernungen die Elevationen berechnet und mit den wirklich zur Anwendung gekommenen verglichen werden.

Die Anfangsgeschwindigkeit für 6 ℔. ergiebt sich $c_t = 840{,}1$ Fuß; daraus wird die für 8 ℔. $c_1 = 984{,}7$ Fuß.

1. Mit 8 ℔. ist geschossen auf 1442 Schritt bei einer Elevation von 3° 18' und einem Terrainwinkel von — 6 Minuten (also $\alpha = 3°\ 24'$). Die Anfangsgeschwindigkeit $c = 984{,}7$ Fuß ergiebt $\alpha = 3°\ 23\frac{1}{2}'$.

2. Unter welcher Elevation wird das Geschoß A eine auf 1250 Schritt mit einem Terrainwinkel von + 1 Minute stehende Scheibe mit 9 ℔. Labung treffen?

Die Anfangsgeschwindigkeit wird 1051,3 Fuß, die Elevation 2° 33', und in der That ist die Scheibe mit $2\frac{9}{16}$ Grad $= 2°\ 33\frac{3}{4}'$ getroffen worden.

3. Unter welcher Elevation wird das Geschoß B mit 8 ℔. Labung dieselbe Scheibe treffen?

Die Formel
$$c_1{}^2 : c_{11}{}^2 = \frac{1}{Q_1} : \frac{1}{Q_{11}}$$
ergiebt $c_{11} = 911$ Fuß und $\alpha_{11} = 3°\ 23'$.

Die Formel $\sin \alpha_1 : \sin \alpha_{11} = 3\,k_1 + x : 3\,k_{11} + x$ ergiebt $\alpha_{11} = 3°\ 23'$, da $\alpha_1 = 2°\ 55'$ war.

Die Formel $\alpha_1 : \alpha_{11} = Q_1 : Q_{11}$ ergiebt $\alpha_{11} = 3°\ 24'$; in Wirklichkeit ist mit $3\frac{4}{16}$ Grad $= 3°\ 22\frac{1}{2}'$ getroffen worden.

b) Die Granate des 24℔bers (54,3 ℔.) hat bei 4 ℔. Labung eine Anfangsgeschwindigkeit $c = 940$ Fuß; wie viel Elevation gebraucht das Vollgeschoß (67 ℔.) für 2500 Schritt mit 4,2 ℔. Labung?

Die Granate würde nach dem Labungsgesetze bei 4,2 ℔. eine Anfangsgeschwindigkeit $c_1 = 965{,}8$ Fuß haben; daraus folgt die des Vollgeschosses $C_1 = 869{,}5$ Fuß, und daraus die Elevation $\alpha_{11} = 7°\ 52\frac{1}{2}'$. Es ist mit $15\frac{18}{18}$ Zoll Aufsatz $= 7°\ 50'$ getroffen worden.

Um den Werth der Näherungsformeln erkennen zu lassen, sei α_0 auch nach ihnen berechnet.

α_1 würde sein $6°\ 29\frac{1}{2}'$; dann giebt die Formel $\sin \alpha_1 : \sin \alpha_{11} = 3\,k_1 + x : 3\,k_{11} + x$ den Winkel $\alpha_{11} = 7°\ 51'$; $\sin \alpha_1 : \sin \alpha_{11} = Q_1 : Q_{11}$ ergiebt $\alpha_{11} = 8°$; $\alpha_1 : \alpha_{11} = Q_1 : Q_{11}$ ergiebt $\alpha_{11} = 8°$.

c)

1. Nach den bereits angeführten sächsischen Versuchen ist die Anfangsgeschwindigkeit der 6¾ gen. Granate (Q_1 = 13 u. 17 Lth. 4 Qtch.) C = 312,39 Meter für 1,3 u. sächsischen Pulvers; wie groß ist diejenige C_1 des Shrapnels ($Q_{1\,1}$ = 15 u. 20 Lth. 2,8 Qtch.)?

$$312{,}39 \sqrt{\frac{Q_1}{Q_{1\,1}}} = 290{,}8,$$

während die Versuche 293,68 Meter ergeben haben. Aus 293,68 würde man für die Granate finden C_1 = 315,5 M. Die Abweichung von 3,11 M. liegt nach derselben Veröffentlichung in den Grenzen der mittleren Fehler der Beobachtungen (Archiv, Band 54, Seite 53), welche nebenher auf 28 M. Entfernung Differenzen von 8,85 M., auf 328 M. von 3,66 M., auf 628 M. von 3,95 M. gezeigt haben, woraus hervorgeht, daß die aus den gewöhnlichen Schießergebnissen errechneten Zahlen ziemlich so viel Vertrauen verdienen, als die Mittelzahlen electro-ballistischer Versuche.

2. Das Shrapnel verlangte für den Treffpunkt im Ziele auf 800 Schritt 1° 53,7; daraus ergiebt sich eine Anfangsgeschwindigkeit von 986'. Die Reduction giebt dann für die Granate 1060 Fuß.

Nach dem bisher Ausgeführten erscheint es möglich, mit einer für die Praxis hinreichenden Genauigkeit alle Fragen der Ballistik der gezogenen Geschütze auf die einfachste Weise zu beantworten und eine Schußtafel aus wenigen Schüssen (zur Bestimmung der Luftwiderstands-Constanten und der Anfangsgeschwindigkeit) für die nachherige Prüfung a priori zu berechnen.

Im Anhange wird sich zeigen, daß dies mit noch größerer Strenge auf einem sehr einfachen Wege durch graphische Construction geschehen kann.

Berichtigung. Es wird gebeten, Seite 19, Zeile 11 zu schreiben: log = 3,00817 statt log = 0,20496.

Anhang.

Analytische Herleitung der Formeln.

Es möchte nicht überflüssig sein, die Entwickelung der vorstehend aufgestellten Bahngleichung und der übrigen aus der Mechanik entnommenen Gleichungen hier in einfacher Weise zu wiederholen, um gleichzeitig den Grad ihrer wissenschaftlichen Berechtigung erkennen zu lassen.

1. Die Mechanik drückt die Geschwindigkeit durch die Gleichung $\frac{ds}{dt} = v$ aus, also ihre Ab- oder Zunahme, d. h. die Beschleunigung durch $\frac{dv}{dt}$, so daß $\frac{d^2s}{dt^2} = \frac{dv}{dt}$. Im lufterfüllten Raume tritt zu der Kraft, welcher die Anfangsgeschwindigkeit entspricht, und der Schwere noch der Luftwiderstand. Dieser, ausgedrückt durch bv^2, und die Schwere, welche gleich g ist, wirken continuirlich, die Pulverkraft als Stoß; alle drei Kräfte aber in verschiedenen Richtungen. Um sie gleichzeitig in Rechnung stellen zu können, zerlegen wir jede, wie auch die Geschoßbewegung, in eine horizontale und eine verticale Componente.

Ist φ der Winkel zwischen der augenblicklichen Bewegungsrichtung und dem Horizonte, so zerfällt ds in $ds \cos\varphi = dx$ und $ds \sin\varphi = dy$; also wird entsprechend

$$\frac{dx}{dt} = v \cos\varphi \text{ und } \frac{dy}{dt} = v \sin\varphi.$$

Es werden dann

$$\frac{d^2x}{dt^2} \text{ und } \frac{d^2y}{dt^2}$$

gleich der Beschleunigung (resp. Verzögerung) in der Horizontalen resp. Verticalen sein.

Von den beiden Kräften, Schwere und Luftwiderstand, wirkt die erstere nur in der Richtung der y, die letztere aber auch in der der x; dieser ist also zu zerlegen in $bv^2 \cos\varphi$ und $bv^2 \sin\varphi$.

Bei der Anwendung auf die Kugel hat diese Zerlegung nie Zweifel erregt. Das Langgeschoß erhält aber hierdurch statt des Widerstandes gegen die Flugrichtung zwei andere gegen die Seiten, und zwar einerseits gegen die Vorwärtsbewegung, andererseits gegen das Aufwärtssteigen (im aufsteigenden Aste, im absteigenden umgekehrt).

2. Nimmt man nun als annähernd richtig an, der hintere Theil des Geschosses sei ein vollkommener Cylinder, dessen Seiten der Flugrichtung parallel sind, so können wir jede der genannten Componenten des Luftwiderstandes wieder in zwei andere zerlegen, senkrecht zur Cylinderseite und nach der Richtung derselben.

Die senkrechten Componenten sind dann:
$b\, v^2 \cos \varphi \sin \varphi$ für die x Richtung und
$b\, v^2 \sin \varphi \cos \varphi$ · · y Richtung.

Sie sind einander entgegengesetzt und gleich, werden sich also gegenseitig aufheben, während die beiden andern Componenten $b\, v^2 \cos \varphi$ und $b\, v^2 \sin \varphi^2$ die Seiten des Cylinders entlang gleiten, ohne Widerstand zu treffen. Es bleibt also nur der Widerstand gegen die Spitze übrig, welchen wir ähnlich behandeln können, wie den gegen eine Kugel. Dabei stellt sich aber der bedeutende Vortheil heraus, daß die Spitze nicht, wie die Kugel, um eine Querachse rotirt, welche dazu zwingt, eine durch die Drehung hervorgerufene hebende Kraft anzunehmen.

Da die Pulverkraft als Stoß wirkt, so ist ihre Beschleunigung $= 0$, also wirkt der Luftwiderstand in der Horizontalen ohne jede Mitwirkung einer andern Kraft, d. h. wir haben

$$\frac{d^2 x}{d t^2} = - b\, v^2 \cos \varphi$$

zu setzen. In der Verticalen wirkt mit dem Luftwiderstande die Schwere, also wird

$$\frac{d^2 y}{d t^2} = - b\, v^2 \sin \varphi - g.$$

3. Es kommt nun darauf an, durch Benutzung dieser entwickelten Gleichungen eine Beziehung herzustellen zwischen den Coordinaten der Bahn.

Das geschehe mittelst der Methode der unbestimmten Coefficienten, indem man $y = A x + B x^2 + C x^3 + D x^4 + \ldots$ setzt. Bekanntlich läßt sich durch Differenziiren und Dividiren mit $d x$ nach und nach immer einer der Coefficienten A, B, C, D .... von x befreien.

Setzt man dann für die linke Seite in den aus den Bewegungsgleichungen hergeleiteten Werthen die Anfangswerthe der darin enthaltenen

Größen und für die rechte Seite $x = 0$, so werden A, B, C, D ....
nach und nach bestimmt. Wir erhalten also links $\frac{dy}{dx}$, welches gleich tang φ ist, weil
$$\frac{dy}{dx} = \frac{ds \sin\varphi}{ds \cos\varphi}, \text{ dann } \frac{d^2y}{dx^2}, \frac{d^3y}{dx^3} \text{ u. s. w.},$$
welche letzteren Ausdrücke jetzt zu bestimmen sind.

Wir hatten
$$\frac{d^2y}{dt^2} = -bv^2 \sin\varphi - g$$
und
$$\frac{dx}{dt} = v\cos\varphi, \text{ also } \frac{dx^2}{dt^2} = v^2 \cos\varphi^2;$$

und aus beiden Gleichungen
$$\frac{d^2y}{dx^2} = \frac{-bv^2 \sin\varphi - g}{v^2 \cos\varphi^2} = -\frac{b \sin x}{\cos\varphi^2} - \frac{g}{v^2 \cos\varphi^2}.$$

4. Durch den Summanden
$$-\frac{b \sin\varphi}{\cos\varphi^2}$$
wird die Rechnung in ihrer Allgemeinheit außerordentlich verwickelt und führt auf die in der Einleitung angedeutete Form, während ohne diesen Ausdruck dieselbe ziemlich einfach wird.

Erfahrungsmäßig ist für gezogene Geschütze b sehr klein, ebenso sin φ selbst für bedeutende Entfernungen; deshalb wird, wenn die zu erhaltende Reihe schnell genug convergiren wird, durch die Vernachlässigung dieses Quotienten kein zu großer Fehler entstehen. Die Bedeutung würde sein, daß wir, in Anbetracht der großen horizontalen Geschwindigkeit gegenüber der verticalen, annehmen, der Luftwiderstand wirke nur der Vorwärtsbewegung der Spitze entgegen. Für bedeutende Elevationen dürfen dann die Formeln allerdings nicht in aller Strenge angewendet werden; indessen ein allgemeines Urtheil werden sie auch dort noch gestatten.

5. Wir erhalten auf diese Weise
$$\frac{d^2y}{dx^2} = -\frac{g}{v^2 \cos\varphi^2}.$$

Es ist wünschenswerth, daß $v \cos\varphi$ sich durch die Anfangsgeschwindigkeit und die Elevation ersetzen lasse. Zu dem Zwecke setzen wir statt

$$\frac{d^2 x}{d t^2} = - b v^2 \cos \varphi$$

den Ausdruck

oder
$$\frac{d \frac{d x}{d t}}{d t} = \frac{d (v \cos \varphi)}{d t} = - b v^2 \cos \varphi,$$

$$\frac{d (v \cos \varphi)}{v \cos \varphi} = - b v d t, \text{ und, da } \frac{d s}{d t} = v,$$

$$\frac{d (v \cos \varphi)}{v \cos \varphi} = - b d s.$$

Die linke Seite ist nach der Form

$$d . \log x = \frac{d x}{x} \text{ das Differenzial von}$$

$$\log (v \cos \varphi);$$

also wird

$$\log (v \cos \varphi) = - b \int d s = - b s + \text{Constante}.$$

Für die Bestimmung der Constanten ist $s = 0$ zu setzen, und für $v \cos \varphi$ der Anfangswerth $c \cos \alpha$, so daß

also
$$\log (v \cos \varphi) = - b s + \log (c \cos \alpha),$$

oder
$$\log (v \cos \varphi) - \log (c \cos \alpha) = - b s,$$

$$\log \frac{v \cos \varphi}{c \cos \alpha} = - b s,$$

und daraus

$$\frac{v \cos \varphi}{c \cos \alpha} = e^{- b s}$$

oder

$$v \cos \varphi = \frac{c \cos \alpha}{e^{b s}},$$

also

$$v^2 \cos \varphi^2 = \frac{c^2 \cos \alpha^2}{e^{2 b s}}.$$

Hierdurch wird

$$\frac{d^2 y}{d x^2} = \frac{- g \, e^{2 b s}}{c^2 \cos \alpha^2}.$$

Um $\frac{d^3 y}{d x^3}$ auszudrücken, setzen wir

$$d \frac{d^2 y}{d x^2} = d \frac{-g e^{2bs}}{c^2 \cos \alpha^2} = \frac{-g e^{2bs} \, 2b \, ds}{c^2 \cos \alpha^2}$$

$$= \frac{-2 b g e^{2bs} \, dx}{c^2 \cos \alpha^2 \cos \varphi}.$$

Ferner erhalten wir

$$d \frac{d^3 y}{d x^3} = \frac{-2 b g}{c^2 \cos \alpha^2} d \frac{e^{2bs}}{\cos \varphi}$$

$$= \frac{-2 b g}{c^2 \cos \alpha^2} \cdot \frac{2 b e^{2bs} \, ds \cos \varphi + e^{2bs} \sin \varphi \, d\varphi}{\cos \varphi^2},$$

also

$$\frac{d^4 y}{d x^4} = \frac{-4 b^2 g e^{2bs}}{c^2 \cos \alpha^2 \cos \varphi^2} - \frac{2 b g e^{2bs} \sin \varphi \, d\varphi}{c^2 \cos \alpha^2 \cos \varphi^2 \, dx},$$

wo $\frac{d\varphi}{dx}$ gefunden wird aus

$$\frac{d \frac{dy}{dx}}{dx} = \frac{d \tan \varphi}{dx},$$

also

$$\frac{d^2 y}{d x^2} = \frac{d\varphi}{dx} \cdot \frac{1}{\cos \varphi^2}$$

oder

$$\frac{d^2 y \cos \varphi^2}{d x^2} = \frac{d\varphi}{dx};$$

da

$$\frac{d^2 y}{d x^2} = \frac{-g e^{2bs}}{c^2 \cos \alpha^2},$$

so wird

$$\frac{d\varphi}{dx} = \frac{-g e^{2bs} \cos \varphi^2}{c^2 \cos \alpha^2},$$

so daß

$$\frac{d^4 y}{d x^4} = \frac{-4 b^2 g e^{2bs}}{c^2 \cos \alpha^2 \cos \varphi^2} + \frac{2 b g^2 e^{4bs} \sin \varphi}{c^3 \cos \alpha^2 \cos \varphi}.$$

Die folgenden Glieder werden nun natürlich immer complicirter; wir wollen indeß, da die numerischen Werthe schon verschwindend klein werden und die Zeichen der neu hinzutretenden, mit $\frac{d\varphi}{dx}$ behafteten Ausdrücke wechseln, wodurch ihr Werth summarisch noch geringer wird, nur jedesmal das erste Glied der Entwickelung von $\frac{d^n y}{dx^n}$ in die Rechnung ziehen und hinterher über die Größe des begangenen Fehlers Auskunft geben.

6. Für die Entwickelung der Bahngleichung sollte gesetzt werden
$$y = Ax + Bx^2 + Cx^3 + Dx^4 + \ldots;$$
daraus wird
$$\frac{dy}{dx} = \tang \varphi = A + 2Bx + 3Cx^2 + 4Dx^3 + \ldots.$$
Wenn $x = 0$, so wird $\tang \varphi = \tang \alpha$; also ist
$$A = \tang \alpha.$$
Die zweite Differenziirung giebt
$$\frac{-g\, e^{2bs}}{c^2 \cos \alpha^2} = \frac{d^2 y}{dx^2} = 2B + 6Cx + 12Dx^2 + \ldots$$
Wenn $x = 0$, so wird
$$e^{2bs} = 1 \text{ und } 2B = \frac{-g}{c^2 \cos \alpha^2};$$
also wird
$$B = -\frac{g}{2c^2 \cos \alpha^2}.$$
Die dritte Differenziirung giebt
$$\frac{-2bg\, e^{2bs}}{c^3 \cos \alpha^2 \cos\varphi} = \frac{d^3 y}{dx^3} = 6C + 24Dx + \ldots.$$
Wenn $x = 0$, so wird $\cos \varphi = \cos \alpha$ und
$$6C = \frac{-2bg}{c^2 \cos \alpha^3}; \text{ also wird } C = \frac{-2bg}{6c^2 \cos \alpha^3}.$$
Die vierte Differenziirung würde für $x = 0$ ergeben
$$D = \frac{-4b^2 g}{24 c^2 \cos \alpha^4}.$$
Wir erhalten also
$$y = x \tang \alpha - \frac{g\, x^2}{2c^2 \cos \alpha^2} - \frac{2bg\, x^3}{6c^2 \cos \alpha^3}$$
$$- \frac{4b^2 g\, x^4}{24 c^2 \cos \alpha^4} - \ldots$$

oder, indem wir, wie früher,

$$\frac{1}{2\,b} = k, \quad \frac{x}{k\cos\alpha} = u, \quad \frac{y}{k} = q, \quad \frac{g\,k}{c^2} = r$$

setzen,

$$q = u\sin\alpha - \frac{r\,u^2}{1.2} - \frac{r\,u^3}{1.2.3} - \frac{r\,u^4}{1.2.3.4} - \ldots$$

7. Da die Gleichung für den Endpunkt der Bahn $q = 0$ herausbringen muß, so muß die Summe der auf $u\sin\alpha$ folgenden Glieder sich dem Werthe von $u\sin\alpha$ als Grenze nähern. Jede Reihe convergirt, in welcher der Quotient des $(n+1)$ten Gliedes durch das $n$te Glied sich einer Grenze nähert, welche kleiner als Eins ist. Nun giebt die Division des dritten Gliedes durch das zweite Glied $\frac{u}{3}$, des vierten durch das dritte $\frac{u}{4}$, und weiter $\frac{u}{5}, \frac{u}{6}\ldots$ Nehmen wir also einen sehr ungünstigen Fall $x = 5000$ Schritt, $c = 940$ Fuß, $\alpha = 15°\,54'$, $k = 7102{,}4$ Schritt, so werden diese Faktoren $0{,}2440$; $0{,}1830$; $0{,}1464$; $0{,}1220$ u. s. w., welche offenbar sich der Grenze Null nähern.

Wir haben aber schon

$$u\sin\alpha = \frac{r\,u^2}{1.2} + \frac{r\,u^3}{1.2.3}$$

gesetzt, und es ist jetzt unsere Aufgabe, Rechenschaft darüber zu geben, wie groß der Fehler ist, welcher durch Vernachlässigung des übrigen Theils der Reihe in der Bestimmung von k begangen ist. Bilden wir nämlich wirklich die Reihe, so ist (für 5000 Schritt)

$$q = 0{,}20054 - 0{,}16150 - 0{,}03941 - 0{,}00721 - 0{,}00105 - \ldots$$

Da schon die drei ersten Glieder y nahe zu Null machen, so zeigt sich, daß in aller Strenge der Werth von k zu klein ist, und daß die Summe aller folgenden Glieder auf die drei ersten vertheilt ist, da sie neben der Summe derselben in der That sehr klein ist, nämlich in diesem ungünstigen Falle etwa den 40sten Theil beträgt.

Man kann sich aber leicht überzeugen, und in dem Obigen ist es geschehen, daß mit Ausnahme der Bestimmung des Culminationspunktes diese abgekürzte Formel sehr nahe richtige Resultate giebt, wie sie für die glatten Röhre noch keine Rechnung geben konnte.

8. Der negative Theil unserer Entwickelung läßt sich zusammenziehen in

$$r\,(e^u - 1 - u);$$

wenn wir nun die Gleichung

$$u \sin \alpha = r (e^u - 1 - u)$$

zu Grunde legen, so ergiebt sich

für den 24 Über k = 8400, λ = 0,1945,
„ „ 12 Über k = 6739, λ = 0,1985,
„ „ 6 Über k = 4121, λ = 0,2633.

Wir wollen für k = 8400 die Reihe bilden, so wird

$$y = 0{,}16956 - 0{,}13656 - 0{,}02883 = 0{,}00417,$$

d. h. etwa der 40ste Theil des ersten Gliedes oder der Summe der negativen Reihe. Benutzen wir jetzt diesen Werth, um für 1,7 U. Ladung des 24 Übers beispielsweise die Anfangsgeschwindigkeit zu berechnen aus 3° 44¼' Elevation für 600 Schritt, und 12° 12' für 1800 Schritt, so wird c = 596 resp. 595 Fuß, also genau wie früher aus der abgekürzten Formel, so daß das Gesetz für das Verhältniß der Anfangsgeschwindigkeiten nicht alterirt wird.

Ebenso liefern beide Gleichungen

$$v = \frac{c \cos \alpha}{\cos \varphi \left(1 + \frac{u}{2}\right)} \quad \text{und} \quad \frac{c \cos \alpha}{\cos \varphi \cdot e^{\frac{u}{2}}}$$

mit ihren bezüglichen Werthen von k ganz gleiche Resultate, z. B. für 5000 Schritt beide 702 Fuß beim 24 Über mit 4 U.

Es ist noch anzuführen, daß für die vollständige Reihe die Gleichung der Tangentenwinkel folgende wird

$$\frac{dy}{dx} = \tan \varphi = \tan \alpha - \frac{r}{\cos \alpha} \left(e^u - 1\right).$$

9. Damit man nun nicht glaube, daß die in 4 und 5 vorgekommenen Abkürzungen nicht erlaubt seien, so ist nur zu bemerken, daß die vollständige Entwickelung auf die für die Bahnen sphärischer Geschosse (ohne Beachtung der Rotation) durch den Herrn Oberst Otto aufgestellte Formel führen würde, und daß man nur nöthig hat, mittelst Tafel VIII der „Neuen Ballistischen Tafeln" das nächste unserer Reihe hinzuzufügende Glied für die Ordinate y zu berechnen, um von der Geringfügigkeit der Abkürzung überzeugt zu sein. Danach würde die Ordinate für den Endpunkt der Bahn von 5000 Schritt um beinahe 2,5' zu verringern sein; das entspricht einer Verkürzung der Bahn von etwa 6 Schritt. Die Constante ist also um so viel

zu groß, als diese 6 Schritt bedingen; für kleinere Entfernungen werden die Verhältnisse noch günstiger.

10. Um die Relation zwischen v, d φ und d x aufzustellen (§. 11), differenziirt man die Gleichung

$$\frac{dy}{dx} = \frac{v \sin \varphi}{v \cos \varphi} \text{ nach } t;$$

es wird dann, indem wir

$$\frac{dy}{dx} \text{ durch } y^1 \text{ und } \frac{dx}{dt} \text{ durch } x^1$$

bezeichnen *),

$$\frac{x^1 dy^1 - y^1 dx^1}{dt} = \frac{v \cos \varphi \, d(v \sin \varphi) - v \sin \varphi \, d(v \cos \varphi)}{dt}$$

$$= \frac{v \cos \varphi (\sin \varphi \, dv + v \cos \varphi \, d\varphi) - v \sin \varphi (\cos \varphi \, dv - v \sin \varphi \, d\varphi)}{dt}$$

$$= v^2 \frac{d\varphi}{dt}.$$

Außerdem ist nach (2)

$$\frac{dx^1}{dt} = - bv^2 \cos \varphi, \text{ wo } \cos \varphi = \frac{x^1}{v},$$

$$\frac{dy^1}{dt} = - bv^2 \sin \varphi - g, \text{ wo } \sin \varphi = \frac{y^1}{v};$$

also

$$\frac{dx^1}{dt} = - bv x^1, \quad \frac{dy^1}{dt} = - bv y^1 - g$$

und somit

$$\frac{x^1 dy^1 - y^1 dx^1}{dt} = - bv x^1 y^1 - g x^1 + bv x^1 y^1$$

$$= - g x^1 = - g \frac{dx}{dt}.$$

Danach ist

$$v^2 \frac{d\varphi}{dt} = - g \frac{dx}{dt}$$

oder

$$v^2 = - g \frac{dx}{d\varphi}.$$

Diese Formel enthält das besondere Luftwiderstandsgesetz nur in der Größe von d φ, gilt also ganz allgemein.

---

*) Versuch zu einem System der Artillerie-Wissenschaft des Herrn Hauptmann von Schirrmann pag. 34.

11. Um auch die Gleichung für die Berechnung der Flugzeit zu finden, setzt man
$$v\,dt = ds \text{ und } \frac{v \cos \varphi}{c \cos \alpha} = e^{-bs},$$
also
$$dt = \frac{\cos \varphi \, e^{bs} \, ds}{c \cos \alpha}$$
und, da φ hier constant ist, durch Integration
$$t = \frac{\cos \varphi}{bc \cos \alpha} e^{bs} + \text{Constante}.$$
Für $s = 0$ wird Constante $= -\dfrac{1}{bc}$ und
$$t = \frac{\cos \varphi}{bc \cos \alpha} e^{bs} - \frac{1}{bc}.$$
Setzt man wieder $2b = \dfrac{1}{k}$, so wird
$$t = \frac{2k \cos \varphi}{c \cos \alpha} e^{\frac{s}{2k}} - \frac{2k}{c};$$
da für mittlere Entfernungen φ nahe $= \alpha$ sein wird, so setzt man auch $\cos \varphi = \cos \alpha$ und erhält
$$t = \frac{2k}{c}(e^{\frac{s}{2k}} - 1).$$

12. Man würde jetzt nur nöthig haben, die „Neuen Ballistischen Tafeln" zu benutzen, um für unsere gezogenen Geschütze die vollständigste Lösung des ballistischen Problems in Händen zu haben, und zwar mit einer ungeahnten Annäherung an die Wirklichkeit. Es möge aber gestattet sein, einen Ersatz dieser Tafeln, so weit wir sie gebrauchen, beizubringen, welcher manchem Leser vielleicht interessant sein dürfte, indem wir alle Flugbahnen, ihrer Besonderheiten (Kaliber) entkleidet, durch eine einzige Curve darstellen, welche in Verbindung mit einer zweiten für die Tangentenwinkel und Flugzeiten alle Aufgaben lösen wird.

13. Vergleicht man: „Tafeln für den Bombenwurf" des Herrn Oberst Otto Seite 17 und 18 oder „Versuch zu einem System der Ar-

tillerie-Wissenschaft" des Herrn Hauptmann von Schirrmann Seite 42, so findet man, nachdem die Flugbahnen in absoluten Zahlen ausgedrückt sind: „Alle möglichen Bahnen, welche zu einem und demselben Asymptotenwinkel gehören, sind nur größere oder kleinere Abschnitte derjenigen Bahn, welche zu dem für diesen Asymptotenwinkel größtmöglichen Elevationswinkel gehört".

Dieser Gedanke mußte zu dem Versuche leiten, bei Zugrundelegung unserer, allerdings nicht absolut richtigen, aber mehr als in gewöhnlichem Sinne annähernden Gleichung

$$q = u \sin \alpha - r(e^u - 1 - u)$$

die Flugbahn nicht blos, wie es bei denen der Kugeln geschehen, von k zu befreien, sondern sie ganz unabhängig zu machen von den Eigenthümlichkeiten des Schusses durch die Form der Gleichung

$$\frac{q}{r} = \frac{u}{r} \sin \alpha - (e^u - 1 - u).$$

Da alle Glieder, welche höhere Potenzen von r und sin α enthalten, für die Praxis verschwinden dürfen, so läßt sich der obige Satz dahin ausdehnen:

Die sämmtlichen Flugbahnen unserer gezogenen Geschütze sind bis zu einer gewissen Elevationsgrenze, wenn sie in absoluten Zahlen ausgedrückt werden, Theile einer und derselben Curve, in deren Nullpunkt ihr gemeinschaftlicher Anfangspunkt liegt.

Diese Grenze der Gültigkeit ist natürlich dieselbe wie die für die Richtigkeit der Gleichung überhaupt. Da sie für unsere Geschütze über die Elevation für 5000 Schritt hinausliegt (für diese Entfernung interessirt natürlich nur die stärkste Ladung), so ist die Richtigkeit praktisch unbegrenzt.

14. Zerlegt man den rechts stehenden Theil der Gleichung, so ist offenbar $e^u - 1 - u$ der Ausdruck für diese ganz unabhängige Curve, und wenn wir sie zeichnen, wie in Figur 3, so ist $\frac{u}{r} \sin \alpha$ eine gerade Linie, welche für jede besondere Combination von r und α, das heißt von Ladung, Geschoß, Geschütz und Elevation den jedesmaligen Horizont bedeutet.

Durch diese Veränderlichkeit des Horizontes kann die Curve eine feste Lage haben, und der im Vorigen ausgesprochene Satz heißt nur: Alle Flugbahnen haben einen und denselben Asymptotenwinkel, den wir leicht durch folgende Rechnung finden:

Die Gleichung der Tangente ist, wenn wir schreiben,
$$m = e^u - 1 - u$$
oder
$$m - m_1 = (e^{u_1} - 1)(u - u_1)$$
oder
$$m - e^{u_1} + 1 + u_1 = u e^{u_1} - e^{u_1} - u + u_1$$
$$m - e^{u_1} + 1 = u e^{u_1} - u_1 e^{u_1} - u.$$

Setzt man hierin $u_1 = -\infty$, so wird
$$m + 1 = u_1 e^{u_1} - u.$$

Nun ist 0 die Grenze von $u_1 e^{u_1}$, folglich ist die Gleichung der Asymptote
$$m = -1 - u,$$
d. h. die Asymptote bildet mit den Axen einen Winkel von 45° und schneidet die Ordinatenachse in -1.

15. Ohne jetzt die, allerdings interessanten, analytischen Eigenschaften dieser Curve zu verfolgen, wollen wir suchen, sie praktisch zu verwerthen.

Bezeichnet $\dfrac{u}{r}$ sin α den Horizont, so sind die Entfernungen desselben von der Curve eben so viele Zahlenwerthe $\dfrac{q}{r}$ für die Ordinaten der wirklichen Flugbahn, während sein Schnitt mit der Curve den Endpunkt der Bahn bedeutet und als Maß die der zugehörigen Ordinate entsprechende Zahl u angiebt, welche mit k cos α multiplicirt die wirkliche Schußweite repräsentirt. Die wirklichen Ordinaten werden aus $\dfrac{q}{r}$ durch Multiplication mit k r erhalten, also $y = \dfrac{q}{r} \cdot k r$, dagegen die zugehörigen Abscissen immer nur aus $x = u k \cos \alpha$.

Jetzt bieten sich von selbst einige andere Schlüsse. Die größte Ordinate muß dem Culminationspunkte entsprechen, und dieser wird gefunden durch eine dem Horizonte parallele Tangente der Curve, welche man leicht mittelst Lineal und Dreieck ausführen kann. Wir werden indessen eine noch schärfere, bequemere Weise dafür beibringen.

Außerdem ist zu bemerken, daß, wenn die Formel für alle Elevationen richtig wäre, so müßte für 90° der Ausdruck $\frac{u}{r} \sin \alpha = \frac{u}{r}$ eine und zwar die größte Schußweite in Zahlen geben. Das ist nun auch in der That so; denn bedenken wir, daß $u = \frac{x}{k \cos \alpha}$, also hier $= \frac{0}{0}$, so ist sehr wohl für jeden Werth von y beim senkrechten Aufwärtssteigen wie beim Fallen eine Zahl u nicht blos denkbar, sondern für die Berechnung der Flugzeiten nothwendig und hier meßbar. Der in Längenmaß ausgedrückte Werth wird natürlich durch Multiplication mit $\cos \alpha = 0$ auch gleich 0. Diese Darstellung würde ein lehrreiches Beispiel für die Werthe unbestimmter Functionen bilden.

16. Es ist von großem Vortheil, mit dieser Curve die der Tangentenwinkel zu verbinden. Machen wir aus

die Gleichung
$$\tan \varphi = \tan \alpha - \frac{r}{\cos \alpha}(e^u - 1)$$
$$\frac{u}{r} \tan \varphi \cos \alpha = \frac{u}{r} \sin \alpha - u(e^u - 1)$$

und zeichnen die Curve

$$u(e^u - 1) \quad \text{(Figur 3)}$$

zu der früheren, so werden ihre Entfernungen von der Linie $\frac{u}{r} \sin \alpha$ für jede beliebige Bahn dem Ausdrucke $\frac{u}{r} \tan \varphi \cos \alpha$ gleich sein, woraus φ leicht zu berechnen ist.

Diese Curve wird den Horizont $\frac{u}{r} \sin \alpha$ ebenfalls schneiden; für den Schnittpunkt wird die genannte Entfernung 0 sein, d. h. er giebt die Abscisse des Culminationspunktes, und seine Entfernung von der Curve $e^u - 1 - u$ giebt die Ordinate desselben, und zwar geschieht das mit größerer Schärfe und Sicherheit, als es mittelst der Construction einer Tangente an die Flugbahncurve geschehen kann.

Der Theil der Curve u ($e^u - 1$), welcher zwischen dem Nullpunkte und diesem Schnittpunkte liegt, wird dem aufsteigenden Aste, der folgende Theil bis zu der Ordinate, welche dem Endpunkte der Bahn (Schnittpunkte des Horizontes mit der Flugbahn) entspricht, dem absteigenden Aste angehören.

17. Auch die Bestimmung der Flugzeiten ist mit der zuletzt gezeichneten Curve leicht zu verbinden.

Schreiben wir statt
$$t = \frac{2k}{c}(e^{\frac{u}{2}} - 1)$$
die Gleichung
$$t = \frac{2 \cdot 2k}{cu} \frac{u}{2}(e^{\frac{u}{2}} - 1),$$
so ist der für
$$\frac{u}{2}(e^{\frac{u}{2}} - 1)$$
abzulesende Werth nur mit $\frac{4k}{cu}$ zu multipliciren, um die Flugzeit in Secunden zu erhalten.

Wir sehen also, daß die ganze Ermittelung der interessirenden Elemente einer Flugbahn mittelst dieser graphischen Darstellung ohne jede Tafel außer der logarithmischen leicht auszuführen ist, und daß mittelst dieser, wie es scheint, neuen und eigenthümlichen Methode für unsere gezogenen Geschütze die vollständige und einfachste Lösung des ballistischen Problems gegeben ist.

Beispiele werden das Gesagte erläutern.

18. Wir benutzen die in der Ballistik des Herrn Hauptmann Noerdanß verwendeten Gitterbogen *) und das biegsame Curvenlineal **), nachdem wir die Zahlenwerthe der Functionen berechnet haben, nämlich:

---

*) Vorräthig in der Vossischen Buchhandlung (Stricker) in Berlin.
**) Verfertiger ist Tischlermeister Ossyra in der Königlichen Eisengießerei in Berlin.

$$u = 0{,}1 \quad 0{,}2 \quad 0{,}3 \quad 0{,}4 \quad 0{,}5$$
$$e^u - 1 - u = 0{,}0052;\ 0{,}0214;\ 0{,}0499;\ 0{,}0918;\ 0{,}1487;$$
$$u(e^u - 1) = 0{,}0105;\ 0{,}0443;\ 0{,}1050;\ 0{,}1967;\ 0{,}3244;$$
$$u = 0{,}6 \quad 0{,}7 \quad 0{,}8 \quad 0{,}9 \quad 1$$
$$e^u - 1 - u = 0{,}2221;\ 0{,}3148;\ 0{,}4255;\ 0{,}5596;\ 0{,}7185;$$
$$u(e^u - 1) = 0{,}4933;\ 0{,}7104;\ 0{,}9804;\ 1{,}3136;\ 1{,}7185.$$

Es werde 0,1 dargestellt durch das Doppelte einer großen Quadratseite, so reichen die Abscissen bis 1,05, die Ordinaten bis 1,3 und jede kleine Quadratseite bedeutet 0,005, so daß man einzelne Tausendtheile bequem, namentlich mittelst des unter a gegebenen Transversalmaßstabes ablesen kann.

Die Curve $e^u - 1 - u$ muß die Abscissenaxe im Nullpunkte tangiren, während $u(e^u - 1)$ dieselbe schneidet.

19. Es ist selbstverständlich, daß die großen Differenzen der Schußweiten verschiedene Maßstäbe verlangen, um mit der gehörigen Genauigkeit aufgefaßt zu werden; deshalb haben wir noch ein zweites Curvenpaar in punktirten Linien gezeichnet, für welche bei den Abscissen 0,1 durch 5, bei den Ordinaten durch 10 Quadratseiten ausgedrückt ist, so daß ein kleines Quadrat 0,002 resp. 0,001 bedeutet.

Die Genauigkeit ist abhängig von der Schärfe der Ablesung. Bei den kleineren Entfernungen kann man Fehler von höchstens 0,0005 machen, bei den großen von 0,002. Danach werden die größten Fehler 4 resp. 16 Schritt wegen der Multiplication mit k.

Für die großen Entfernungen setzen wir in $\frac{u}{r} \sin \alpha$ das $u = 1$, für die kleineren $u = 0{,}4$, und in Figur 3 haben wir die Punkte, welche sich beziehen auf den 24 ℔ber mit einem Fähnchen, auf den eisernen 12 ℔ber mit zwei, auf den bronzenen 12 ℔ber mit drei, auf die 6 ℔ber mit vier Fähnchen bezeichnet.

20. 24 ℔ber mit 4 ℔. und 15° 54′.

$\log r = \log g + \log 2{,}4\,k - 2\log c;\ \log k = 3{,}92428;$
$\log r = 9{,}85308;\ \log \sin \alpha = 9{,}43769;\ u = 1;$
$\log \frac{u}{r} \sin \alpha = 9{,}58461;\ \frac{u}{r} \sin \alpha = 0{,}3842.$

Verbindet man den hierdurch bestimmten Punkt mit 0, so wird die Curve ($e^u - 1 - u$) geschnitten in $u = 0{,}6185$ und $u(e^u - 1)$ in $0{,}3255$. Diese Werthe sind mit $k \cos \alpha$ ($\log \cos \alpha = 9{,}98306$) zu multipliciren, um 4996 Schritt als Schußweite und 2630 Schritt als Abscisse des Culminationspunktes zu finden, während die bloße Rechnung 2629 Schritt ergiebt.

Der Einfallwinkel bestimmt sich aus $u (e^u - 1)$ für $u = 0{,}6185$ und $\dfrac{u}{r} \sin \alpha$ oder $0{,}53 - 0{,}237 = \dfrac{u}{r} \tang \varphi \cos \alpha$, also

$$\tang \varphi = \frac{0{,}293 \, r}{0{,}6185 \cos \alpha}$$

oder

$$\log \tang \varphi = 9{,}54590, \text{ woraus } \varphi = 19^\circ \, 22'.$$

Für die Bestimmung der Flugzeit ist $\dfrac{u}{2} = 0{,}309$ und $\dfrac{u}{2}(e^{\frac{u}{2}} - 1) = 0{,}113$; dann ist ferner

$$\log \frac{4 k \cdot 2{,}4}{c u} = 2{,}14243$$

und daraus annähernd

$$t = 15{,}7 \text{ Secunden.}$$

21. Wir haben diese Bahn in Figur 4 dargestellt, und zwar in folgender Weise:

Da die Ordinaten als $\dfrac{q}{r}$ auftreten, so sind auch die Abscissen auf dasselbe Längenmaß gebracht durch Division mit r, also durch $\dfrac{u}{r} \cos \alpha$. So ergiebt sich die Abscisse für den Endpunkt

$$\frac{0{,}6185 \cos \alpha}{r} = 0{,}8343,$$

welche Länge (d e) nun proportional $u = 0{,}6185$ getheilt werden muß, um die Ordinaten $\dfrac{q}{r}$ rechtwinklig daran antragen zu dürfen. Das geschieht am einfachsten, indem man die Länge d e zwischen die Ordinaten von 0 und 0,6185 hineinpaßt, wie dies in o p ausgeführt ist, so daß die Eintheilung des Gitterbogens direct die Proportionaltheile ergiebt. Die Ordinaten werden dann aus Figur 3 direct mit dem Zirkel übertragen.

Die Ordinate des Culminationspunktes findet man aus
0,0655 k r . 2,4 = 942 Fuß.

Analog ergiebt die Zeichnung:

24 Pfder:

Ladung	Elevation	$\frac{u}{r}$ sin α	aus u	die Schußweite
4 Pf.	9° 33'	0,2327	0,401	3320 Schritt
4 Pf.	12° 52'	0,3123	0,517	4234 "
2,2 Pf.	5° 56'	0,0298	0,1420	1186 "

Eiserner 12 Pfder:

2,1 Pf.	16° 12'	0,5087	0,7725	5000 "
1,6 Pf.	6° 23'	0,0599	0,269	1801 "

Bronzener 12 Pfder:

2,1 Pf.	17°	0,4843	0,743	4795 "

6 Pfder:

1,2 Pf.	10°	0,6344	0,912	3701 "

Außerdem sind in Figur 5 und 6 die Bahnen des 6 Pfders mit 1,2 Pf. und des 24 Pfders mit 4 Pf. auf 2000 Schritt zum Vergleiche und zwar im doppelten Höhenmaßstabe gezeichnet.

22. Durch diese Beispiele ist das Verfahren hinreichend erläutert. Mögen jetzt noch einige Worte folgen über die Benutzung zur Anlegung einer Schußtafel. Sind aus einem gezogenen Geschütze mit einer Ladung auf eine große, eine mittlere und eine kleine Entfernung, also etwa auf 4000 bis 5000, 2500 und 1200 Schritt mit der gehörigen Sorgfalt eine Anzahl Schüsse gethan, so werden diese genügen, das vorläufige k zu bestimmen und mittelst desselben die Anfangsgeschwindigkeit*). Diese läßt sich auf irgend eine andere Ladung übertragen, um dann auch für jede beliebige Entfernung mittelst der hierfür gegebenen Formeln die Elevation finden und durch Anwendung derselben von der Richtigkeit der Constanten überzeugen zu lassen. Die so gefundenen Anfangsgeschwindigkeiten und Elevationen dienen dann, den wirklichen Werth der Luftwiderstands-Constanten k, zu berechnen. Nun ist außer Zweifel, daß die „Neuen Ballistischen Tafeln" für die Erreichung der größten Genauigkeit das beste Mittel bieten.

Es ist aber nicht zu übersehen, daß die sonst ermüdenden Rechnungen dadurch wesentlich erleichtert werden, daß wir bei der Benutznng der

---

*) Wobei die rein graphische Methode von Vortheil ist.

Curve von einem beliebigen Werthe von u (in den Tafeln ξ) ausgehen und den dem Endpunkte der Bahn entsprechenden von selbst finden. Der Werth von k muß so lange verändert werden, bis Zeichnung und Rechnung genau übereinstimmen. Ist er für eine Ladung richtig gefunden, so ist die ganze Schußtafel für jede Ladung und für jedes dem angewendeten Geschosse äußerlich congruente Geschoß gegeben, und man hat nur nöthig, diese nach der Berechnung zu prüfen.

Zugleich sind alle Elemente der Flugbahn durch die einfachsten Rechnungen gegeben. Sucht man z. B. den bestrichenen Raum für irgend eine Ordinate, so ist diese nur, in Schritten ausgedrückt, durch r zu dividiren und für die gefundene Zahl vom Endpunkte der Bahn rückwärts das zugehörige u abzulesen.

23. Für die Berechnung von Schußtafeln kann das Verfahren noch bedeutend vereinfacht werden, wenn wir, wie dies auch in V. der Neuen Ballistischen Tafeln geschehen ist, setzen

$$\frac{\sin \alpha}{r} = \frac{e^u - 1 - u}{u}.$$

Die durch die Function

$$\frac{e^u - 1 - u}{u}$$

ausgedrückte Curve ist in Figur 7 gezeichnet, und ein Beispiel wird zeigen, mit welchem Vortheil sie zu gebrauchen ist. Man hat

für u =   0   0,1   0,2   0,3   0,4   0,5   0,6
$\frac{e^u - 1 - u}{u}$ = 0; 0,0517; 0,1070; 0,1662; 0,2296; 0,2975; 0,3702;

für u =   0,7   0,8   0,9   1,0   1,1   1,2   1,3
$\frac{e^u - 1 - u}{u}$ = 0,4482; 0,5319; 0,6218; 0,7183; 0,822; 0,9334; 1,053.

Wir fanden für den 24ℳber mit 4 ℳ und 15° 54′

$$\frac{\sin \alpha}{r} = 0{,}3842.$$

Für diesen Ordinatenwerth giebt die Curve als Abscisse u = 0,6185, und man erhält u k cos α = 4996 Schritt. Beim 6ℳber mit 1,2 ℳ und 15° 23′ ist für eine Ordinate 0,9644 die Abscisse u = 1,2265 und daraus x = 4987 Schritt.

24. Daß diese Curve sich auch für die Berechnung der Anfangsgeschwindigkeit eignet, ist leicht einzusehen, wenn man sich erinnert, daß

$$r = \frac{gk}{c^2}$$

gesetzt ist.

Wir berechnen also

$$u = \frac{x}{k \cos \alpha},$$

also z. B. u = 0,6185. Für diese Abscisse erhalten wir die Ordinate 0,3842. Diese Zahl ist gleich

$$\sin \alpha \; \frac{c^2}{gk}.$$

Deshalb ist
$$2 \log c = 1{,}87506 + 3{,}92428 + 9{,}58456 - 10 \\ - (9{,}43769 - 10) = 5{,}94621, \text{ woraus } c = 940 \text{ Fuß}.$$

Ebenso bietet die in §. 8 gegebene Formel für die Elevation ein Mittel, in Verbindung mit dieser Curve die Elevationen genau zu bestimmen.

25. Die vorliegende Arbeit enthält unverfälscht das, was ohne Vorurtheil der Wirklichkeit entnommen ist; die Bloßlegung ihrer Schwächen ist deshalb und der Belehrung wegen nicht zu fürchten. Mögen diejenigen Herren Vorgesetzten, deren Werke so oft genannt sind, in der Benutzung Ihrer Arbeiten nur die Liebe für die Wissenschaft der Waffe erkennen.

Das nächste Streben wird nun darauf gerichtet sein, die Einflüsse des Thermometer- und Barometerstandes auf die Größe von k zu beobachten.

Prehn,
Oberfeuerwerker in der Garde-
Artillerie-Brigade.